Eliel MONNIER

ÉTUDE

sur les

Idées Sociales

de VINET

« Pour se donner il faut s'appartenir »

VINET

Eliel MONNIER

ÉTUDE

sur les

Idées Sociales

de VINET

« Pour se donner il faut s'appartenir »
VINET

CAHORS

IMPRIMERIE A. COUESLANT, 1, RUE DES CAPUCINS

1900

AVANT-PROPOS

—

La question sociale est à l'ordre du jour, le socialisme est à la mode. On est socialiste, comme il y a quelques années on fut « fin de siècle », par pur dilettantisme.

Quand on voit des millionnaires s'apitoyer à l'envi sur le sort des pauvres ouvriers, il est de bon ton, semble-t-il, de faire chorus.

Malheureusement ce bel élan de pitié n'est pas si profond qu'il fasse sortir les gens de leur apathie intellectuelle et morale, et si le socialisme est à la mode, une étude sérieuse et scientifique des questions sociales est loin d'exciter le même enthousiasme. C'est pourquoi j'ai grand peur que si ma brochure a la bonne fortune de rencontrer un lecteur bénévole, il ne recule aussitôt au seul titre de ce travail. Nous allons donc, dira-t-on, nous plonger dans une étude rébarbative, dans des discussions aussi ennuyeuses que peu courtoises sur les rapports du capital et du travail, les impôts, les douanes, les habitations salubres et insalubres, etc., etc. Nous allons voir arriver notre auteur armé de formidables statistiques sur la natalité, la criminalité, la mortalité, enfin tous les accessoires de cette science, vieille comme le monde en somme, mais que l'on a cru rajeunir en la baptisant d'un nom nouveau et barbare : la sociologie.

Que l'on se rassure pourtant. Alexandre Vinet n'a point été un sociologue, du moins au sens où nous l'entendons aujourd'hui, et il se trouverait fort dépaysé à côté d'un Lassille ou d'un Leroy-Beaulieu. Je ne sache pas même qu'au point de vue social notre auteur ait précisément fait école et que ses disciples soient jamais allés siéger dans nos assemblées politiques avec les adeptes d'un Karl Marx ou d'un Blanqui.

Vinet n'ayant été le leader d'aucun parti, on ne remarque pas chez lui cette amertume et cette acrimonie qui semblent l'apanage de nos chefs politiques; ses ouvrages ne sont point remplis de plaintes acerbes contre notre société bourgeoise et capitaliste ou contre le prolétariat envahisseur.

Il est vrai que Vinet est né et a vécu en Suisse, dans cet heureux petit pays que l'azur de ses lacs et la blancheur immaculée de ses sommets semblent avoir préservé de la tourmente et des orages sans cesse menaçants au ciel des grandes puissances de l'Europe.

Mais si Vinet n'est pas un chef de parti, c'est donc un philosophe plongé dans l'idée pure qui exerce son esprit dialectique sur notre pauvre humanité et qui diagnostique sa perte prochaine avec le sang-froid et le flegme d'un praticien ? Encore moins. Parlant une langue à la portée de tout le monde, dirions-nous volontiers avec quelques esprits chagrins, Vinet ne saurait être un philosophe. Vinet fut avant tout un littérateur ou plus exactement un orateur : et par orateur nous n'entendons pas seulement un beau diseur, mais un homme profondément convaincu, animé d'un esprit à la fois large et pénétrant, observateur fin, psychologue expérimenté, servi par une langue merveilleuse, claire sans être froide, populaire sans être triviale, aux accents chauds et vibrants qui sont l'apanage du véritable orateur.

Nous n'esquisserons pas une biographie de Vinet : cela importerait peu à notre sujet; cette histoire, du reste, a été faite et bien faite par plusieurs de ses nombreux admiraleurs, par E. Rambert notamment qui nous a été d'un grand secours dans l'étude que nous avons entreprise.

Les idées sociales de Vinet sont répandues dans plusieurs de ses ouvrages et plus particulièrement dans « l'Education, la famille et la société », dans « l'Essai sur les manifestations des convictions religieuses » et dans « les Essais de philosophie morale. »

Notre travail a consisté surtout à dégager de ces ouvrages les idées qui se rapportaient à notre sujet, ce qui n'a pas toujours été chose facile, car c'est avec raison que l'on pourrait dire de Vinet qu'il est à la fois tout entier dans chacun de ses écrits.

Le plan que nous avons adopté nous a paru être clair et propre à faire saisir l'enchaînement logique des idées tout en évitant le plus possible les répétitions. Nous montrons l'individualité, dont Vinet fait le centre de sa conception, dans ses rapports avec l'humanité, puis l'individu et la société en général, enfin l'individu en face des deux grandes manifestations de la société : l'Etat et l'Eglise.

Il est d'usage en pareille occurrence de faire preuve de modestie, en confessant son inexpérience de jeune homme; nous le faisons d'autant plus volontiers qu'en nous approchant de Vinet nous avons senti que nous nous trouvions en présence non seulement d'un littérateur de grand talent, d'un penseur profond, mais encore et surtout d'une personnalité puissante qui nous enveloppe et nous dépasse. Aussi nous sommes-nous efforcé de nous assimiler et de faire nôtres ses propres idées, nous réservant dans une conclusion d'énoncer les remarques que nous a suggérées la lecture des ouvrages d'Alexandre Vinet.

PREMIERE PARTIE

L'INDIVIDU ET L'HUMANITÉ

CHAPITRE PREMIER

PERSONNALITÉ, INDIVIDUALITÉ, HUMANITÉ

Quoique peu philosophe par tempérament, Vinet commence par faire de la métaphysique, mais si peu ! et encore éprouve-t-il le besoin de s'en excuser, comme s'il sentait son incompétence en la matière, ou plus probablement parce qu'il tenait les spéculations métaphysiques pour oiseuses et stériles. Ici pourtant quelques définitions étaient nécessaires afin d'éviter tout malentendu dans ce qui va suivre.

Notre auteur définit l'individualité, une unité indivisible qui suppose une organisation : un arbre, une plante, un animal sont des individus. Pour être une personnalité, l'individu doit avoir la vie et surtout la conscience de sa vie. Pour être conscient de sa vie il ne faut pas seulement en avoir un sentiment plus ou moins vague, il faut le savoir, se le dire. Voilà pourquoi l'animal. a moins qu'on

ne lui suppose un langage et la pensée, est bien un individu mais n'est pas une personnalité. La personnalité,
comme la vie, est un mystère.

Dieu est un être personnel, ou il n'est pas. C'est, par
définition, une personnalité infinie. Comment l'homme
en tant qu'être personnel peut-il dire « moi » en face
d'un Dieu personnel infini? Tel est le problème que Vinet
pose comme insoluble et devant lequel nous n'avons qu'à
nous incliner.

L'homme, être personnel, se distingue par cela même
de ce qui n'est pas lui : il se distingue mais ne s'isole
pas. Car s'il est une personnalité il est avant tout une
individualité c'est-à-dire, par définition, un organisme
faisant partie d'un autre organisme plus vaste qui est
l'humanité. L'homme est dépendant, il est solidaire, il
est à la fois un tout et une partie d'un tout; on peut le
comparer a un corps entier qui serait en même temps un
membre.

———

CHAPITRE II

DÉPENDANCE DE L'HOMME

L'homme est dépendant de tout ce qui l'a précédé et
de tout ce qui est. Vinet développe cette idée d'une façon
magistrale dans le paragraphe qui suit :

« Il est impossible de ne pas être frappé de la manière
» intime dont chaque existence humaine est engagée
» dans mille autres existences. Au moral comme au
» physique nous avons des ancêtres, une généalogie.

» Idées, caractère, tempérament, rien n'est absolument
» à nous, ni ne procède uniquement de nous. Les ra-
» cines de tout ce que nous sommes s'enfoncent dans un
» passé lointain, s'enveloppent d'une impénétrable obscu-
» rité, et leur extrême ténuité, non moins que la dis-
» tance, les dérobe à tous les regards. L'accident le plus
» insignifiant, une rencontre, un mot, une minute perdue
» ou gagnée ont, plusieurs siècles d'avance, déterminé
» ce que nous serions. A dater de l'origine du genre
» humain, cent générations successives nous ont pétris
» et façonnés. Chacun de nous dans son caractère propre
» et dans la forme de son existence, est la somme et
» l'expression d'innombrables éléments, parmi lesquels
» figurent, à côté des faits domestiques ou individuels
» les plus imperceptibles, les événements les plus vastes,
» tels que le bouleversement des empires et les grandes
» révolutions de l'esprit humain. Le présent nous mo-
» difie comme le passé.

« Intellectuellement nous vivons d'emprunt. L'esprit
» de notre temps nous fait d'énormes avances qu'il faut
» bon gré, mal gré, que nous acceptions. Nous nous
» endettons au berceau : et quand nous venons a nous
» en apercevoir, il n'est plus temps de nous en acquitter.
» Quand il nous serait possible de faire le départ de ce
» qui nous est propre de ce qui nous est ajouté, quand
» nous pourrions nous séparer des idées que nous avons
» acquises, et nous mettre à penser a nos frais, encore ne
» pourrions-nous le faire qu'avec un instrument a la
» confection duquel un monde entier a concouru et dont
» un monde entier nous a enseigné l'usage. Nous avons
» beau faire : nous mourrons insolvables (1). »

(1) Vinet. *L'éducation, la famille et la société*. Page 459.
(Paris 1855, in-8°).

Mais, dira-t-on, si l'homme est ainsi dépendant de Dieu, du monde et de ses semblables, n'est-il pas alors un simple atome, n'est-il pas un rouage d'une grande machine qui serait l'humanité, laquelle, à son tour, ne serait qu'un organe d'un corps encore plus grand? Et s'il en est ainsi, que reste-t-il de l'individualité? qu'est-ce qui est à nous? qu'est-ce qui est nous? pouvons-nous encore logiquement parler de notre moi? Ne sommes-nous pas forcément enclins à penser ce que nous pensons, puisque nous sommes déterminés par des antécédents qui remontent au berceau du genre humain?

Avec un tel raisonnement, répond Vinet, on pourrait aller loin : nous serions alors en droit d'affirmer que notre esprit dépend absolument de notre corps : notre constitution physique nous gouvernerait donc absolument, déciderait de nos idées, de nos principes, de nos convictions; ou plutôt, pour être logiques, nous devrions dire que notre corps nous donne des idées, des principes, des convictions. Car on peut établir le même rapport entre le cerveau et la pensée, d'une part, et l'individu et l'humanité, de l'autre. Evidemment nous savons que, dans une certaine mesure, le cerveau sécrète la pensée, et nous pourrions dire aussi que l'humanité sécrète les individualités : et cependant l'individu, bien que ressortissant étroitement à l'humanité, affirme son moi à la face du monde, et, sans s'inquiéter des déductions de la logique, peut et veut être soi. Il affirme son moi, disons-nous, et il sait pourtant qu'il n'est dans l'univers qu'un atome dont un souffle peut trancher le fil et que selon la belle expression du poète :

... la création est une grande roue
Qui ne peut se mouvoir sans écraser quelqu'un.

CHAPITRE III

LA SOLIDARITÉ HUMAINE

Le fait de la dépendance de l'homme vis-à-vis de ses semblables dans l'humanité, implique la notion de solidarité au triple point de vue intellectuel, moral et religieux.

Il y a une vérité humaine, patrimoine de tous et de chacun : mais cette vérité, pour subsister, ou plutôt pour être quelque chose et ne pas demeurer a l'état de virtualité, doit s'incarner dans une individualité. Cette personnification de la vérité doit se faire et, somme toute, se fait toujours : chaque époque revêt un nom personnel ; on n'a pas vu, dans l'humanité, de grandes choses s'accomplir, de grandes et nobles idées, triomphant des obstacles, sortir de l'oubli, sans qu'un homme en ait été l'instigateur. Il y a des hommes nécessaires ; dans chaque situation il y a un homme nécessaire qui ne manque jamais ; car si son jour l'attend, lui-même attend son jour. Le passé l'a produit, l'avenir a besoin de lui pour être ce qu'il doit être. Cet homme nécessaire ne fait, selon l'expression de La Bruyère, que rendre au public ce que le public lui a prêté. Ce fait, notez-le bien, n'enlève rien à la valeur de l'individualité : la vérité humaine n'est pas individuelle, mais elle doit le devenir. Les plus grands hommes dans l'histoire ont été les plus grandes individualités, c'est-à-dire les hommes qui résumaient, qui condensaient le plus et le mieux en eux-mêmes tout ce que le passé avait donné de richesse. Car l'originalité ne consiste pas, comme on le croit souvent, à émettre une pensée que personne avant vous n'avait jamais émise, mais a exprimer, d'une façon qui vous est propre, une idée qui est à tout le monde : *proprie communia dicere.* Ceci nous remet en mémoire la fameuse boutade de Musset :

> *Rien n'appartient à rien, tout appartient à tous.*
> *Il faut être ignorant comme un maître d'école*
> *Pour se flatter de dire une seule parole*
> *Que personne ici-bas n'ait pu dire avant vous.*
> *C'est imiter quelqu'un que de planter des choux.*

Ce grand principe de la solidarité humaine, a notre époque comme du temps de Vinet, occupe tous les esprits · on entend sans cesse, dans les milieux s'occupant des questions sociales, répéter les mots d'union, de coopération, d'association, qui ne font que consacrer la notion de solidarité. L'exagération, ou plutôt la déviation de ce principe, conduit au socialisme, comme nous le verrons plus loin. Le danger, en effet, pour l'individualité c'est de demeurer comme accablée sous le nombre, d'abdiquer complètement son existence propre pour se confondre dans la masse humaine. Mais si cette absorption pouvait être complète, si l'individualité sombrait dans l'océan humain, l'homme ne serait plus rien qu'une machine perfectionnée pourvue d'un appareil dialectique, d'organes sensitifs, mais qui n'aurait plus aucun des attributs de la personnalité ; il ne resterait rien a quoi l'on puisse donner le nom d'homme. Tout ce qui diminue l'individualité diminue l'homme lui-même. Tout l'effort de l'éducation de l'enfance doit donc porter sur le développement du sentiment de la responsabilité. c'est-à-dire de l'individualité. C'est la en somme le résumé du traité de l'éducation qui est un des plus beaux titres de gloire d'Alexandre Vinet.

Si l'exagération du sentiment de l'individualité, qui

consisterait.à s'isoler, existe chez quelques-uns, on. peut dire cependant que le cas est rare : la tentation de s'absorber est celle de presque tous.

« On n'est pas soi-même en commençant, on ne le » devient que par un acte de volonté. »

Il va sans dire que la notion d'individualité implique aussi la notion de liberté et que l'individu que l'on éduque doit en même temps faire l'apprentissage de sa liberté. Mais on peut se demander si ce n'est pas la une duperie, puisque l'individualité est conditionnee par tant de choses, puisque l'initiative ne lui appartient pas. et qu'avec la liberté elle n'a pas l'indépendance. — A Dieu ne plaise, répond notre auteur, que nous ayons ce regret : car l'essentiel pour l'homme n'est pas d'être indépendant du monde, de ne rien subir, de n'avoir aucune attaque à repousser ; mais l'exercice de sa volonté libre doit porter sur une réaction : « Ne te laisse pas surmonter par le mal, mais surmonte le mal par le bien. » L'homme que l'on admire n'est pas celui qui se tient à l'écart de ses semblables, pour ne rien leur devoir : mais l'homme vraiment digne de ce nom est celui qui vit de la vie des autres, qui emprunte et qui rend, qui reçoit et qui donne.

L'individu et l'humanité, la pensée générale et la pensée personnelle, sont une de ces dualités, une de ces antinomies dont notre nature est tissue, qu'il nous faut accepter comme un fait indémontrable, qui s'impose a notre esprit.

Ce grand principe de la solidarité humaine, le christianisme l'a consacré par le précepte de l'intercession mutuelle et par l'œuvre du salut en Jésus-Christ.

Le dogme de la chute, la transmission du péché est aussi une manifestation éclatante de la solidarité humaine. Ce dogme, que notre auteur accepte sans réserve, domine et fonde tout son travail. Le péché, voilà la cause de la lutte entre l'individu et l'humanité.

« Notre déchéance morale tend sans cesse à désunir
» l'énergie de notre individualité, et à augmenter la
» puissance de l'ensemble : car, après tout, l'indivi-
» dualité c'est l'humanité, c'est la vie. Qui ne vit pas
» d'une vie individuelle, ne vit pas véritablement et
» n'offre aux regards déçus que le simulacre d'un être
» humain. Il trompe sa destination, car il traverse l'exis-
» tence comme une ombre sans réalité ; la société vit à sa
» place en vertu d'une procuration qu'il s'est laissé ar-
» racher. Il souffre qu'elle ait coupé les communications
» que le Créateur de l'homme avait établies entre
» lui-même et sa créature ; car ce n'est pas avec la
» société, c'est avec l'individu que Dieu communique et,
» l'individu manquant, Dieu, si j'ose m'exprimer ainsi,
» ne trouve plus à qui parler. L'homme se perd en tous
» les sens en abdiquant son caractère individuel : car
» si l'individualité n'est ni le salut, ni le gage du salut,
» elle en est l'indispensable condition. Il n'y a point de
» vie religieuse, conséquemment point de salut, sans
» l'individualité, et la foi qui nous rend à Dieu, com-
» mence par nous rendre à nous-mêmes. Il faut être
» homme pour devenir chrétien (1). »

(1) Vinet. *L'éducation, la famille et la société.* Page 471.

DEUXIÈME PARTIE

L'INDIVIDU ET LA SOCIÉTÉ

PREMIÈRE SECTION

LA SOCIÉTÉ CONTRE L'INDIVIDU

CHAPITRE PREMIER

DUALITÉ ENTRE L'HOMME ET LA SOCIÉTÉ

Vinet affirme que l'idée de société est impliquée dans celle d'humanité et que Dieu, en créant l'homme, a créé la société. Nous sommes, en effet, des êtres éminemment sociables quoique individuels et peut-être même parce qu'individuels.

À l'origine il n'y avait aucune dualité entre l'homme et la société : ainsi le terme même de société est-il impropre ; car, par suite de l'usage que nous en faisons, ce mot a pris un sens qui convient mal à l'état primitif de l'humanité : le terme de société éveille tout naturellement dans notre esprit l'idée de ligue défensive, d'organisation préservatrice contre de multiples dangers qu'on ne saurait admettre dans la création primitive. Le mot de communion serait plus adéquat : mais il n'importe !

nous nous en tiendrons au terme de société qui est plus usité en la matière.

Dans l'état primitif de bonheur et d'innocence, l'homme et la société n'auraient fait qu'un : l'individu n'aurait point songé a s'insurger contre elle, puisque l'idée ne lui serait point venue de s'en distinguer. Tel devait être l'état normal de l'homme, ou plus explicitement tel devait être l'homme naturel sorti des mains du Créateur. Mais l'humanité actuelle n'est plus du tout ce qu'elle était primitivement : après la chute, tout a changé : un élément nouveau est entré en ligne de compte, qui a tout transformé en transformant l'homme lui-même. Le péché est apparu sur la terre avec son cortège de souffrances, de tribulations, d'angoisses et de mort. A l'état de paix et de sécurité, que notre imagination évoque si complaisamment, ont succédé les luttes, les discordes, les haines et les dangers de toutes sortes. L'homme est entré en lutte contre la nature et contre ses semblables ; et ainsi la société, inhérente primitivement à la nature humaine dans une communion paisible et bénie, est devenue, par la force des choses, une cruelle nécessité. L'homme s'est trouvé dans l'obligation de s'unir à ses semblables, non plus pour fraterniser et pour aimer, mais dans le but d'assurer sa propre sécurité contre les empietements d'un égoïsme insatiable et farouche. En sorte que la société n'est plus une communauté fraternelle et libre mais une organisation défensive, une arme devenue nécessaire dont on pourrait dire, avec raison, que si elle n'existait pas, il faudrait l'inventer.

Lutte contre la nature ! qui aurait pu penser que l'homme dût entrer en conflit avec la création dont il est le fils ? qui aurait pu croire que les forces colossales et merveilleuses qui l'environnent et qui semblent avoir été créées pour son service, dussent devenir de formidables obstacles, à son bonheur, des menaces perpétuelles à sa vie? — Lutté contre ses semblables qui à l'origine ne firent qu'un cœur et qu'une âme et qui sont maintenant ses pires ennemis! Et l'homme terrifié, mais poussé par une force invisible, s'unit de plus en plus étroitement à ceux-là mêmes qu'il devrait redouter, pour résister et pour vivre: voilà la raison d'être de nos sociétés modernes.

On comprend alors qu'entre l'homme et la société les rapports ne puissent plus être les mêmes : l'unité, nous allions presque dire le charme, est rompue : la dualité existe, dualité terrible, qui devient de jour en jour plus irréductible à mesure que se multiplient les êtres humains. L'individu et la société sont donc deux ; nous ne disons point ennemis forcément, nous affirmons seulement la dualité : dualité de fait, cela est évident, mais encore et surtout dualité essentielle . car on ne peut plus parler de la société comme d'une personne, d'un être: elle n'est plus qu'un fait, un fait nécessaire, si l'on veut. mais un simple fait ; l'individu, l'humanité même est un être.

Au point de vue pratique l'opposition est plus frappante encore. A l'origine, avons-nous dit, l'homme était destiné a ne faire pour ainsi dire qu'un avec la société. c'est-à-dire que l'individu n'agissait et ne pouvait agir que dans l'intérêt de la communauté; mais le péché, en faisant de lui un être essentiellement egoïste, en a fait par cela même un ennemi de ses semblables. Ce qui lui semble bon, profitable à lui-même, peut être mauvais, nuisible à la société : d'où un conflit qui ne peut se résoudre logiquement que par l'abdication de l'individu au profit de l'intérêt général : la loi du plus fort est devenue la meilleure : il arrive donc que la société peut être établie contre l'individu.

Mais il y a plus. Il est un autre conflit plus grave en-

core et qui manifeste d'une façon bien plus éclatante la dualité dont nous parlons. Ici ce n'est plus l'intérêt qui le fait naître, c'est la conscience.

L'homme, malgré son état de déchéance, est fait pour la vérité : or, cette vérité, c'est sa conscience qui la lui montre et qui lui impose en même temps l'obligation absolue de la rechercher. Mais la société recherche-t-elle la vérité? et la vérité sera-t-elle pour elle la vérité absolue comme pour l'individu? Evidemment non. Il n'y a pas pour la société de vérité absolue ; la société n'est plus qu'un fait, par conséquent quelque chose de tout relatif; et, si tant est qu'elle recherche une vérité, cela ne peut être qu'une vérité relative dont l'individu soumis à l'obligation de conscience ne saurait s'accommoder : il arrive donc que l'intérêt de la société se trouve en opposition avec le devoir de l'individu.

Nous verrons plus tard qu'on a voulu remédier à cet état de choses par trop choquant en assignant à la société, et surtout à l'Etat qui la représente, un but moral et une attitude déterminée en face de la vérité humaine : mais nous ne faisons pour l'instant que constater le schisme qui, depuis la chute, s'est fait entre l'individu et la société. Il est en tout cas une chose évidente : la loi morale est individuelle et la société ne doit être pour l'homme qu'un moyen d'arriver à la connaissance de la vérité. Or il se trouve qu'actuellement le but est souvent sacrifié au moyen.

Mais, chose singulière, qui montre bien l'état anormal de l'homme, les gens qui considèrent la raison du plus fort comme étant la meilleure et qui prennent au sérieux l'adage : *vox populi, vox Dei*, ne peuvent s'empêcher d'admirer et de donner en exemple les héros, les martyrs, les génies qui ne sont en somme que des révoltés, foulant aux pieds les droits divins et imprescriptibles de la

collectivité, pour imposer leurs opinions particulières,
leur propre personnalité. C'est que le peuple comprend,
malgré tout, que cette vérité, qu'une société déchue ne
peut atteindre, a été souvent le privilège du petit nombre,
d'un seul même ; et que se soumettre sans restrictions
à la volonté souveraine de la collectivité serait anéantir
l'essence même de la personnalité humaine : le sentiment du devoir.

Cette dualité, enfin, Jésus-Christ est venu la rendre
plus sensible et plus frappante encore en proclamant la
bonne nouvelle du salut : salut pour l'individu et non
point pour la société qui est seulement une nécessité pour
l'existence et qui peut être un moyen fécond et béni pour
proclamer le salut individuel.

CHAPITRE II

LE SOCIALISME

Cette dualité dont nous venons de parler et qui semble
évidente, l'homme en général ne veut pas et n'a jamais
voulu la reconnaître : pour lui il n'y a pas dualisme,
mais identité entre l'individu et la société. Et si cette
identité n'existe pas toujours, l'homme la considère
néanmoins comme un idéal qu'il poursuit sans cesse,
sans jamais pouvoir le réaliser pleinement ; car l'individualité sans cesse battue en brèche, a toujours survécu
et ne s'est jamais laissé annihiler. Mais il n'a pas tenu à
l'homme lui-même qu'elle ne s'y ensevelit tout entière,
et, chose singulière, c'est en quelque sorte malgré lui

que l'homme a été sauvé. C'est cette tendance née de l'aveuglement de notre esprit qui, érigée en système, a reçu le nom de socialisme.

L'homme a un besoin inné d'unité ; il cherche à la réaliser en toute chose : dans la politique, dans la religion, dans la philosophie et dans l'art. Il est donc naturel qu'il ait cherché non seulement à la réaliser avec la société, mais encore qu'il ait refusé de voir la dualité irréductible que nous avons signalée et l'impossibilité où il se trouve d'y remédier. Du reste l'homme avait une raison, ou plutôt une excuse pour essayer de satisfaire ce besoin d'identification : l'égoisme étant le mobile d'action le plus puissant, il était nécessaire de maintenir une barrière devant les prétentions exorbitantes et insatiables de la nature humaine. Puisque l'homme veut être libre, son premier devoir est de respecter la liberté d'autrui, laquelle se trouvait sans cesse menacée et ne pouvait être sauvegardée que par la société. La société sera donc la tutrice, la mère commune ; l'état social une famille, mais une famille singulière où tous les membres sont supposés éternellement mineurs.

Cette tendance est vieille de bien des siècles : toute l'antiquité fut socialiste, après avoir été exclusivement sacerdotale ; Sparte, Athènes et Rome en sont des exemples frappants. Nous verrons, dans un autre chapitre, ce que devient la religion issue du socialisme, comment ce principe divin, qui semble éminemment inassimilable, s'est trouve englobé dans la société pour former ce que l'on est convenu d'appeler le nationalisme.

Cependant, malgré cette pression, malgré cette lutte contre l'individualité, nous voyons toujours cette dernière surgir du chaos, apparaître comme un rayon lumineux dans l'obscurité et briller au firmament de l'histoire comme la personnification de la résistance ou la menace perpétuelle de la décomposition et de la ruine du socialisme. Mais ces protestations de l'individualité furent rares et toujours isolées durant l'antiquité. C'est alors que parut le christianisme ; la lutte qui s'engagea à ce moment entre l'Eglise primitive et l'empire romain est précisément une des phases de la lutte entre l'individu et la société. D'un côté, c'est tout le passé, toute l'antiquité socialiste qui trouvait son complet épanouissement dans l'empire romain ; de l'autre, c'est le christianisme, la religion nouvelle, principe individualiste par excellence. La lutte dura trois siècles. Quelle en fut l'issue ? L'histoire a enregistré la victoire du christianisme avec Constantin ; la victoire, en fait, est bien restée à l'Eglise, qui a conquis droit de cité, mais en réalité et malgré les apparences, l'empire a terrassé l'Eglise chrétienne. Car le principe socialiste qu'incarnait la société antique s'est infiltré peu à peu dans le christianisme et l'a transformé en tuant l'individualisme qui avait fait sa force et son originalité.

Au moyen-âge, comme l'Eglise devenue catholique, c'est-à-dire socialiste, fut toute la société, le moyen-âge tout entier fut socialiste.

Le socialisme moderne n'est plus religieux, puisqu'il est le plus souvent la négation même de toute religion, mais c'est toujours l'absorption de l'individu dans la masse et la négation de leur dualité. Mais l'incontestable beauté de la société antique a disparu ; son excuse, qui était l'absence d'une religion d'amour, n'existe plus, puisque le christianisme a paru. « Le socialisme moder-
» ne vient après le christianisme, après la liberté, il
» n'avance pas, il recule ; celui de l'antiquité fut un pro-
» grès, celui-ci n'est qu'une chute et une apostasie. Cela
» met une opposition directe entre son principe et celui
» de son aîné, ou, pour mieux dire, entre l'état moral

» des socialistes anciens et celui des socialistes moder-
» nes. Il y avait de la foi et de l'espérance chez les pre-
» miers, l'espérance et la foi sont morts chez les autres.
» Le socialisme antique était créateur, il fondait l'Etat,
» le nouveau socialisme tout négatif détruit l'homme.
» Les intentions du premier étaient meilleures que ses
» actes ; chez le second, la pensée vaut l'œuvre : l'hom-
» me se méconnaît et s'abjure. Le premier était spiri-
» tualiste ; le matérialisme est à la base du second : il
» l'avoue, il s'en vante. Le premier n'était qu'un fait, et
» certes c'était bien assez pour donner le change au sens
» moral et suborner la conscience ; le second est un
» système, un système conséquent, logique, absolu, in-
» capable d'enthousiasme, mais capable de fanatisme.
» L'heureuse inconséquence du premier laissait debout
» quelques-uns de ces instincts traditionnels qui ratta-
» chent encore à son glorieux passé l'humanité déchue ;
» le second les abolit tous, et ses prédications sont com-
» me un couvre-feu général à l'heure mélancolique où
» l'humanité s'endort. Conscience et devoir ne sont pour
» lui que des entités scolastiques, des mots vides de
» sens, le nuage d'Ixion, le rocher de Sisyphe, des feux
» follets au moyen desquels on a détourné l'humanité de
» sa route naturelle. Naguère encore il était beau de tout
» sacrifier à sa conviction : ce qui est beau maintenant,
, si ce mot de beau peut avoir sa place dans le diction-
» naire socialiste, c'est le sacrifice de la conviction. A
» qui ? à quoi ? nul ne le sait. On parle pourtant encore
» de dévoûment et d'amour ; dernier ménagement pour
» les faibles, dernière offrande au préjugé : car le dé-
» voûment et l'amour supposent l'individualité contre
» laquelle on n'a pas assez d'anathèmes (1) ». Le socia-

(1). Vinet *L'éducation, la famille et la société*. Page 476.

lisme, faisant appel tour à tour aux pires instincts de la nature humaine et à ses plus nobles aspirations, se fondant sur l'égoisme et la haine en même temps que sur l'amour et la pitié, n'est en somme que la manifestation la plus imprudente de l'égoisme naturel, la déification de l'homme. Car ne nous y trompons pas, l'homme est tout prêt a s'adorer lui même; il trouve une compensation à ce culte qu'il reconnaît impossible et grotesque en se prosternant devant la société, c'est-à-dire toujours devant l'homme, mais grandi, idéalisé, déifié.

Le socialisme trouve son épanouissement complet dans le communisme avec ses conséquences sinistres. Car on est en droit de se demander avec effroi ce que deviendra la famille, lorsque la société, supplantant tout autre autorité, sera devenue la mère commune. L'industrie et le commerce, les sciences et les arts brilleront-ils d'un bien vif éclat lorsque le socialisme aura nivelé à une bien faible hauteur toutes les supériorités? Car, sachons-le, dans cette absorption des individualités dans la masse, la tendance générale ne sera pas de s'élever au niveau des plus intelligents, mais, comme dans toute mésalliance, ce sont les plus capables qui s'abaisseront au niveau des imbéciles. Et la liberté enfin, cette liberté que les socialistes revendiquent avec tant de véhémence, cette liberté dont ils se croient les uniques gardiens, quel sort sera le sien? Que deviendra la plus précieuse, la liberté de conscience? pourra-t-on même en parler, lorsque le mot de conscience sera rayé du vocabulaire et que la société grandie et déifiée pourra crier bien haut aux récalcitrants : Tu n'auras point d'autre dieu devant ma face ? — Autant de questions qui se posent et qui ne peuvent se résoudre que dans le sens le plus funeste pour l'individu. « Les augures sont funestes, le ciel est » noir; mais, grâces à Dieu, il y a, derrière ces nuages,

» un soleil de justice qui porte la santé dans ses rayons.
» Ce moment est celui d'une crise que mille antécédents
» avaient rendue inévitable, et dont l'issue, problématique
» pour le philosophe, n'est pas douteuse pour le chré-
» tien. Le christianisme est, dans le monde, l'immortelle
» semence de la liberté (1) ».

CHAPITRE III

L'INDIVIDUALITÉ RÉFORMATRICE

Voilà, dira-t-on, le procès du socialisme. Supposons qu'il meure. Que mettrez-vous à sa place ? Car, sachez-le, il faut quelque chose. Il ne s'agit pas à cette heure de se croiser les bras ; et, en si piètre estime que vous teniez le socialisme, vous conviendrez au moins que c'est une tentative de réforme, un remède contre un mal qui n'est point chimérique, qui est criant, que les plus prévenus eux-mêmes ne peuvent nier. Le socialisme échoue, dites-vous, soit : que lui opposez-vous ? que proposez-vous ? L'individualisme ? Puisque vous n'êtes point socialiste. vous devez être individualiste. — Nous répondons simplement : Oui, nous sommes individualiste, et nous prétendons réformer la société par l'individu.

Mais, avant tout, commençons par nous entendre sur le sens du mot individualiste : nous croyons nous être déjà expliqué au commencement de ce travail, mais il nous paraît nécessaire, afin d'éviter tout malentendu, de revenir, en le developpant, sur ce que nous avons dit.

(1) Vinet. *L'éducation, la famille et la société.* Page 482.

L'individualité dont nous voulons parler n'est point celle qui appartient naturellement à tous les êtres créés, y compris l'homme, et qui est une individualité en quelque sorte sensitive ; chez l'homme elle prend le nom d'égoïsme. Nous pourrions appeler la recherche de cette partie de notre être, individualisme, si ce mot n'avait pas une double acception dans notre langue. Cette sorte d'individualité existe, avons-nous dit, chez les animaux comme chez l'homme ; elle est nécessaire, car elle est la condition de l'existence sentie, et pour l'homme elle peut être le point de départ du dévouement : car on accordera que, pour pouvoir se donner, il faut se sentir vivre, s'appartenir. Mais pour le moment, ce n'est pas de cela qu'il s'agit. « L'individualité dont nous parlons » et qui seule mérite ce nom est celle par laquelle un » homme, semblable, d'une manière générale, à tous les » êtres de son espèce, ne ressemble pourtant exactement » qu'à lui-même, se rend propre ce qui est commun à » tous, et a, moralement et individuellement, le » droit de dire moi (1). » C'est la personnalité humaine avec tout ce qu'elle a de sacré : car Dieu lui-même l'a proclamée telle par les attributs : conscience, obligation, immortalité. La société, alors, ne doit plus être considérée comme la grande unité dont l'homme ne serait qu'une partie infinitésimale, comme le but ; la société est le moyen pour l'individu de grandir, de se développer selon sa destinée. Et ainsi, pour avoir une société, nous ne faisons pas appel à la haine, à l'envie ou à la jalousie, mais au seul dévouement d'hommes libres qui consentent à aliéner une partie de leur indépendance pour se fortifier et s'entraider dans une union étroite et féconde.

(1) Vinet. *L'éducation, la famille et la société.* Page 468.

N'est-il pas évident que dans l'intérêt même de la société, il importe de développer l'individualité? L'homme doit devenir maître de lui-même pour pouvoir mieux être le serviteur de tous. Il est donc clair qu'en faisant abstraction de l'individualité on enlève tout ressort de perfectibilité et, par conséquent, on fait tort à la société elle-même.

On évoque le besoin inné d'unité contre laquelle, prétend-on, s'élève l'individualité. C'est là une grosse erreur : « L'unité à laquelle toute société aspire, n'est » réalisable, jusqu'à un certain point, que par l'indivi- » dualité : et il n'y a rien de paradoxal à prétendre que » l'individualité a été instituée en vue de cette unité » même. De même que l'homme, nous l'avons déjà dit, » n'aimerait rien hors de soi, si d'abord il ne s'aimait » lui-même, de même il ne s'unirait d'une manière in- » time à aucun être, ni ensemble d'êtres, si d'abord il » n'était lui-même. C'est d'ailleurs une grande erreur de » penser que ce qui nous rend à nous-mêmes, nous en- » lève à l'ensemble, et que nous soyons moins sociaux » à mesure que nous sommes plus individuels. L'asser- » tion est purement gratuite. En aucun genre l'indivi- » dualité ne nous isole. Non seulement l'individualité » n'est point essentiellement un schisme, une hérésie, » mais c'est une chance d'être mieux compris, mieux » senti, et le principe d'une vaste et vivante unité (1). »

L'histoire de l'humanité nous apprend qu'on ne peut annihiler l'individualité, qui, comprimée et contrainte, est sans cesse renaissante, mais ne se manifeste malheureusement pas toujours dans des circonstances favorables et en vue de nobles causes. Chassée du bien, elle se réfugie dans le mal, chassée du domaine de la pensée

---

(1) Vinet. *L'éducation, la famille et la société*. Page 470.

par la société absorbante, elle se réfugie dans l'égoisme et ne peut plus être ainsi le germe fécondant du dévoûment libre et réfléchi qui est la condition de toute société sérieuse et durable.

Cette impossibilité d'écraser l'individualité est maninifeste : « La gloire, la fortune, la vie, l'honneur même,
» on peut tout donner : mais s'immoler dans les der-
» nières profondeurs de son être, s'effacer du nombre
» des vivants, consentir à ne compter pour rien, ni de-
» vant soi, ni devant Dieu. se nier à soi sa réalité,
» ne, plus connaître que celle du genre humain, être
» abstrait, idéal, irresponsable qui n'a par lui-même
» aucun rapport avec Dieu, et qui, dans son sein,
» comme dans un gouffre sans fond, absorbe notre in-
» infini et notre éternité...... cet holocauste sur un autel
» sans Dieu. l'homme qui se respecte, c'est-à-dire révère
» Dieu en soi, ne peut l'offrir à personne, pas même à
» l'humanité, vint-elle se présenter à lui forte de tout
» son passé, armée de tout son avenir (1). »

Mais par suite même de l'importance que nous accordons a l'individualité, il importe d'autant plus d'en faire l'éducation, et de montrer par quelle série de transformations doit passer l'individualité déchue et souillée par le péché, pour devenir un ferment puissant et vivifiant pour la régénération de la société.

(1) Vinet. *Essai de philosophie morale.* Page 175. (Paris 1837, in-8°).

DEUXIÈME SECTION

L'INDIVIDU DANS LA SOCIÉTÉ

CHAPITRE PREMIER

INSTRUCTION ET ÉDUCATION

Nous n'avons point ici la prétention d'exposer dans tous ses détails la pédagogie de Vinet : c'est seulement au point de vue des idées sociales de notre auteur que nous examinerons brièvement les questions que soulèvent l'instruction et l'éducation du peuple.

La grande Révolution française de 1789 a mis en lumière, non seulement en France, mais dans l'Europe entière, la nécessité pour chaque nation de l'instruction publique. Tout homme étant un citoyen, c'est-à-dire participant directement ou indirectement au gouvernement de son pays, est tenu de remplir certaines conditions d'ordre intellectuel et moral que l'instruction à tous les degrés, est seule capable de lui donner.

Il a fallu naturellement commencer par les éléments, (la lecture, l'écriture et le calcul) sans lesquels une intelligence ne peut se développer. Mais ce n'était et ne devait être qu'un commencement, et malheureusement on s'en est tenu là, surtout en France. Il est arrivé alors une circonstance singulière qui a étonné tout le monde et qui pourtant ne laissait pas que d'être toute naturelle : les résultats de l'instruction élémentaire dont on attendait tant de bien, ont été souvent funestes, nuls ou médiocres, et les adversaires des principes de 89 ont eu beau jeu de s'écrier : Voyez ce que vous avez fait du peuple avec votre instruction ! l'immoralité, la dissolution, la paresse et l'incrédulité en sont les conséquences. Autrefois. le peuple ne savait ni lire, ni écrire, mais il avait le respect de l'autorité, la crainte de Dieu, l'amour du travail ; il obéissait, sans savoir pourquoi, peut-être, mais enfin il obéissait au roi et à l'Eglise, et convenez que la soumission des peuples est la condition nécessaire de tout gouvernement stable comme de toute religion établie. — Or ces réactionnaires avaient raison, en apparence : car l'on a remarqué fort justement que les nations les plus avancées sous le rapport de l'instruction populaire, étaient aussi les plus avancées sous le rapport de la criminalité. Que devons-nous en conclure? Que l'instruction est, par elle-même un élément de corruption et de désagrégation sociale? que l'ignorance est préférable à l'erreur? Nullement. Cela prouve une chose, c'est que ceux qui ont cru que les éléments de lecture, d'écriture et de calcul allaient faire d'un homme ignorant et abruti, un citoyen éclairé et moral, se sont grandement trompés. L'instruction n'est point une baguette magique capable d'accomplir de pareils miracles. L'instruction n'est qu'un moyen, une arme devrions-nous dire, dont l'homme peut faire un bon ou un mauvais usage. Doit-on en conclure qu'il faille arrêter le développement intellectuel sous prétexte qu'il peut être une menace pour la moralité publique? La tentative, il faut le reconnaître tout d'abord, serait absolument vaine, car il est manifestement impossible d'arrêter l'impulsion donnée en 89. Mais nous n'en prenons pas seulement notre parti comme d'une chose malheureuse mais nécessaire , nous nous en réjouissons au contraire, car si l'instruction est une arme terrible lorsqu'on en fait un mauvais usage, elle peut devenir, et c'est là sa véritable destination, un instrument puissant de régénération et de progrès ; tandis que l'ignorance c'est l'abrutissement moral et intellectuel qui ravale l'homme et le rend esclave. Ah ! nous comprenons maintenant les admirateurs de l'ancien régime : un peuple ignorant est taillable et corvéable à merci. Il ne songe pas à se révolter contre la tyrannie de ses oppresseurs, puisqu'il les croit naïvement supérieurs à lui, ni contre l'autorité du clergé que sa crédulité fait le représentant de Dieu sur la terre, ni contre le pape vicaire de Jésus-Christ, ni contre les rois établis de droit divin. Mais instruisez le peuple, c'est-à dire fournissez-lui les moyens de se connaître, de se ressaisir, de juger des choses et des événements, et tout ce bel échafaudage s'écroule, entraînant avec lui toutes les autorités arbitraires. Voilà qui explique l'hostilité que l'on rencontre au développement de l'intruction publique. Car l'on sent bien que, grâce à elle, l'homme prendra conscience de lui-même, de sa valeur et de sa destinée et que l'école est la plus sûre préparatrice de la liberté. L'objet que l'on se propose en instruisant le peuple est moins de faire des savants que de faire des hommes.

Cette instruction rudimentaire qui est un commencement nécessaire, n'est, nous l'avons dit, qu'un mécanisme qu'il convient d'utiliser pour le bien de chacun. La lecture, l'écriture et le calcul sont un bagage scientifique bien insuffisant ou plutôt même ce n'est rien du tout, s'il ne sert pas à acquérir des connaissances plus étendues.

Encore une fois, ce n'est pas tout, car un savant peut être un malhonnête homme, mais, nous le répétons, c'est un commencement nécessaire, car la moralité, pour se développer, a besoin du développement de l'intelligence. Nous ne faisons nulle difficulté à avouer que l'instruction avec tout le bien qu'elle peut faire et que nous reconnaissons, ne vivifiera point le pays, ne préviendra même qu'une partie des maux qu'elle est destinée à prévenir, si un ingrédient d'une qualité plus élevée n'est mêlé à ce breuvage intellectuel que l'on prétend offrir à nos populations malades. Cet ingrédient, c'est l'éducation. Il faut l'enseignement de la morale qui développe le sens moral et le perfectionne; l'école donnant à l'homme plus de connaissances morales et intellectuelles développe en lui l'individualité. Le socialisme qui réclame a cor et à cri l'instruction gratuite à tous les degrés, fait une œuvre qui le trompe : étant donné son principe qui est l'absorption de l'individu dans la société il réclame le développement intellectuel des citoyens, c'est-à-dire le développement de leur individualité « contre laquelle il n'a pas assez d'anathèmes. »

CHAPITRE II

LE CHRISTIANISME ÉDUCATEUR

Nous avons dit que l'instruction n'est rien sans l'éducation car l'instruction ne peut agir qu'indirectement sur la moralité. Dans l'éducation nous faisons entrer pour une large part, l'enseignement de la morale. Pas de morale sans religion : nous ne voulons pas ici revenir sur la question de la morale indépendante : elle est jugée, c'est une contradiction. Le christianisme est le seul éducateur efficace, comme il est le plus puissant auxiliaire de la culture intellectuelle et morale. « Le » christianisme est la plus excellente des morales, parce

» qu'il est autre chose qu'une morale. Il ne s'adresse pas
» d'abord à la raison : il va droit à l'âme avec toute la
» puissance d'un fait. Il ne répète pas les vieux argu-
» ments de toute morale humaine, arguments qui ne
» sont pas seulement usés, car ils ont toujours été im-
» puissants, et leur plus habile emploi n'a pu régénérer un
» seul cœur ; il apporte un nouveau fait, hors de la nature,
» au-dessus d'elle, au-dessus de la raison. Il dit les compas-
» sions du Très-Haut, le miraculeux abaissement de la
» Divinité ; la Parole Eternelle faite chair, le Saint, que
» tous les cieux connaissent et que l'éternité adore, de-
» venu homme de douleur et sachant ce que c'est que la
» langueur. Il raconte à l'humanité, abattue sous le poids
» de ses péchés et sous le sentiment confus de sa dé-
» chéance, sa réhabilitation conçue par l'amour, ac-
» complie par l'amour. Il nous raconte, au Calvaire, la
» réconciliation du ciel avec la terre, et l'humanité ap-
» pelée à recommencer ses anciennes relations avec le
» Père Céleste ; au sépulcre désert du Christ, la vie et
» l'immortalité mises en évidence ; au grand jour de la
» première Pentecôte, la circulation rétablie entre l'Esprit
» de Dieu et l'Esprit de l'homme, les joies du ciel venant
» visiter et bénir la terre, l'aurore de l'éternelle félicité
» illuminant nos misères, le temps se rejoignant à l'éter-
» nité par dessus le gouffre du tombeau, et, sans inter-
» ruption, de la terre au ciel, la vue continuant l'espé-
» rance, la joie continuant la joie, la vie continuant la
» vie. Voilà le fait qu'il proclame, et, par ce seul fait,
» frappant avec force à la porte de notre cœur, il y ap-
» pelle d'une voix haute, il y réveille, il y fait lever, l'une
» après l'autre, la joie et la reconnaissance (1). »

C'est le christianisme ainsi défini et ainsi vécu que nous

______

(1) Vinet. *L'éducation, la famille et la société.* Page 119.

voulons répandre dans le peuple. Car c'est bâtir sur le vrai fondement, c'est relever l'homme déchu, c'est réveiller son individualité qui sommeille, c'est assurer sa liberté. « Là où est l'esprit du Seigneur, là est la liberté ». Et par la liberté individuelle nous arrivons au même résultat où le socialisme prétend arriver, à l'égalité. Cette égalité, pour laquelle nos pères ont lutté si héroïquement, le christianisme seul est capable de nous la donner, parce qu'il commence par nous convaincre tous de péché et qu'il nous montre ensuite à tous la possibilité du salut.

Mais cette égalité ne sera pas le nivellement général des individus, cette liberté ne sera pas non plus la licence des passions ; le christianisme nous rend tous frères, parce qu'il nous apprend le sacrifice et le renoncement ; il nous rend tous libres, de la vraie liberté, parce qu'il enseigne l'obéissance par l'affranchissement du péché.

Le chrétien sera donc un citoyen, le modèle même des citoyens, car son but ne sera pas le bien-être matériel, mais le développement intellectuel et moral de la société ; ses moyens d'action, non la convoitise et la haine, mais la charité et l'amour.

A ceux qui parlent de réforme sans Dieu ni Maître, aux harangues déclamatoires de nos révolutionnaires modernes, nous opposons ces simples déclarations : « Nous n'attendons le bien et le repos de la société que » des convictions religieuses et morales ; et ces convic- » tions, nous ne les attendons que du christianisme par- » ce que seul il les a. En ce triste moment où tant de » causes diverses les ont flétries dans le cœur d'un si » grand nombre de nos contemporains, elles verdissent » encore dans toute leur fraîcheur au sein du christia- » nisme. C'est dans le terrain de cette religion révélée » que repoussent avec vigueur les sentiments et les idées

» qui s'étaient désséchés sur le tronc de la loi naturelle ;
» c'est la, et·là seulement qu'apparaissent dans toute
» leur native énergie, la foi en Dieu, la foi au devoir, et
» les espérances d'un immortel avenir. Le monde social
» du XIXe siècle, moins hideux que celui des Césars, n'est
» pas moins usé sous le rapport des croyances morales :
» et si, sous les auspices de l'Evangile, l'humanité gan-
» grenée sous l'empire romain vit renaître sa jeunesse :
» si les ailes lui repoussèrent comme à l'aigle ; si, depuis
» lors, partout où l'Evangile a été compris, on a vu le
» même phénomène se reproduire, et l'humanité repa-
» raître dans une fraîcheur et une beauté juvéniles, qui
» contrastaient avec l'épuisement social ; si, de nos jours
» encore, ceux qui l'embrassent avec connaissance de
» cause deviennent de nouvelles créatures, même dans
» le sens humain de ce terme, comment douterions-nous
» qu'appliqué en grand, le remède héroïque de la con-
» version ne tirât le monde de sa décrépitude, et, par
» une sorte de transfusion, ne lui donnât un nouveau
» sang et une santé florissante (1) ? »

Jusqu'ici, en examinant les rapports de l'individu avec
ses semblables dans l'humanité et en consacrant le principe de l'individualité dans la société, nous n'avons en
somme examiné que le coté théorique de la question ;
nous avons pris la société en général, c'est-à·dire indépendamment d'une organisation particulière ; nous
avons montré, d'une part, la dualité qui existe depuis la
chute première entre l'individu et la société. et, d'autre
part, nous nous sommes efforcé de démontrer que l'homme, sans rien sacrifier de ce qui constitue sa personnalité, pouvait néanmoins vivre en communion avec ses
semblables ; nous avons abouti ainsi a cette conclusion

---

(1) Vinet. *L'éducation, la famille et la société.* Page 130.

que l'individu devait être la fin, la société, le moyen; que jamais en aucun cas le premier ne devait être sacrifié au second ; et enfin que l'individualité était un gage de sécurité et de prospérité pour la société elle-même.

Mais ce n'est là, nous le répétons. que le côté pour ainsi dire théorique, et il nous reste à voir quelle sera l'attitude de l'individu vis-à-vis des deux grandes manifestations de la vie sociale : l'Etat et l'Eglise.

TROISIÈME PARTIE

L'INDIVIDU ET L'ÉTAT

CHAPITRE PREMIER

L'ÉTAT C'EST L'HOMME

Qu'est-ce que l'Etat? — L'Etat c'est un ou plusieurs individus délégues ou acceptés par la société pour la représenter et l'administrer ; si nous comparons la société à un corps, l'Etat en serait la tête. C'est une institution nécessaire au maintien de la paix, en même temps qu'une barriere élevée contre les prétentions de l'égoïsme humain. L'Etat, pourrions-nous dire, est, en quelque sorte, le pouvoir exécutif de la société, c'est le gouvernement.

Voila, à première vue, la conception courante de l'Etat. Mais l'on va plus loin. Si l'Etat représente la société et que l'on conçoive la société comme la représentation de l'homme, l'Etat n'est plus une simple institution, il est l'homme lui-même tout entier.

L'Etat c'est l'homme : tel est l'idéal que se font certains philosophes, comme Hegel et Rothe, idéal qu'ils proposent, non comme but à atteindre, ce qui serait discutable mais logique, mais comme point de départ, ce qui est évidemment faux. Toutefois, indépendamment de cet a priori, examinons ce qu'a de fondé l'assertion que l'Etat doit reproduire l'homme tout entier.

L'Etat c'est l'homme, c'est-à-dire, n'est-ce pas, que l'Etat doit représenter fidèlement tous les éléments dont se compose l'homme, les éléments moraux comme les autres. La charité, par exemple, que tous les hommes civilisés reconnaissent, au moins théoriquement, comme un devoir sacré, doit être aussi une sainte obligation pour l'Etat. Sans aller plus loin et à n'examiner que les nations chrétiennes, on ne peut s'empêcher de faire des réflexions assez amères : car le précepte évangélique aimez vos ennemis, bénissez ceux qui vous maudissent... etc., est bien mal observé par les individus, mais les Etats, eux, ne semblent pas en avoir même ouï parler. Si l'on trouve peu d'hommes prêts à tendre la joue gauche quand on vient de les frapper sur la droite, il est fort probable qu'il faudrait chercher longtemps pour trouver un Etat disposé a suivre l'exemple du Christ. Le précepte : œil pour œil, dent pour dent, fait bien mieux son affaire ; mais passons.

Si l'Etat est la représentation exacte de l'homme, l'Etat aura donc lui aussi une conscience qui discernera le bien et le mal, le juste et l'injuste, et qui sera également souveraine comme chez l'homme : elle le sera même infiniment plus, car la conscience de l'homme n'engage que le seul individu qui s'y soumet, tandis que la conscience de l'Etat engage tous les hommes de son ressort. Il en est forcément ainsi, autrement l'Etat ne serait plus qu'un vain mot. Mais la conscience de l'individu (car nous supposons bien qu'on lui en laisse une) que devient-elle alors ? Nous l'avons déclarée souveraine puisque nous avons fait l'Etat a l'image de l'homme ; comment donc opposer souveraineté à souveraineté, omnipotence à omnipotence? Le conflit ne peut se résoudre que par l'absorption de l'individu dans l'Etat. Alors l'homme n'a plus de conscience, car le caractère essentiel de la conscience est précisément d'être inassimilable ; l'Etat n'est donc plus la représentation de l'homme réel, mais d'un être fictif qui n'a d'humain que l'apparence ; et ainsi plus l'Etat voudra représenter l'homme, moins il le représentera.

Au point de vue purement formel, la cause de l'Etat-Homme est donc entendue et jugée. Mais c'est bien pis si nous en venons aux applications pratiques. A tort ou a raison, l'homme prétend arriver à la connaissance de la vérité ; il se croit même né pour cela. Or l'Etat connaît-il la vérité? Toute la question est là. S'il ne la connaît pas, il n'est pas la représentation exacte de l'homme qui prétend la connaître. S'il est en possession de la vérité, je demande alors quel est l'Etat qui la détient : car, en définitive, je vois sur la terre une foule d'Etats qui tous ont le droit de la revendiquer pour eux-mêmes, et qui tous aussi se réclament d'idées contradictoires.

Mais supposons que cet Etat fortuné existe : la vérité qu'il a ou croit avoir, il ne pourra l'enseigner qu'en l'imposant, car avec lui la discussion n'est pas de mise : dès lors le droit de l'Etat à régir les consciences demeure uniquement fondé sur la force : nous sortons donc de la question. En effet, il ne s'agit plus alors de savoir si l'Etat doit représenter l'homme, mais si l'Etat représente la force brutale.

Il n'y a qu'un moyen de sortir de cette impasse, c'est d'accorder à l'Etat l'inspiration du Très-Haut. L'Etat connaît la vérité parce que Dieu la lui a révélée. Je ne fais plus alors aucune difficulté pour lui soumettre ma conscience qui s'inclinera devant lui comme devant un Moïse ou un saint Paul : cette soumission sera toute ma religion. Mais tant qu'on ne m'aura pas prouvé que l'Etat est inspiré, je refuse non seulement de lui soumettre ma conscience, mais encore de le considérer comme un représentant. Si nous en venons au domaine concret, la contradiction est encore plus évidente : l'Etat est composé d'un ou de plusieurs individus arrivés au pouvoir par le hasard de la naissance ou par une élection ; dans le premier cas, à moins de les croire fils du Soleil, comme les Chinois, je ne puis me soumettre ; dans le second cas, on dira peut-être qu'ayant été choisis par une majorité, ces hommes deviennent pour moi des êtres devant lesquels je n'ai plus qu'à m'incliner. Je réponds que tant qu'on ne m'aura pas prouvé que le nombre fait la vérité, je suis en droit de me croire tout aussi bien inspiré que le gouvernement.

De deux choses l'une, ou l'Etat est un prophète, alors il n'est point la représentation de l'homme réel, mais d'un être fictif, pour ne pas dire imaginaire. ou il n'est pas prophète, alors l'homme ne peut lui soumettre sa conscience.

On cherche un biais, et l'on dit que l'Etat représente l'homme, moins cet élément inassimilable qui est la conscience. « Mais, a parler exactement, dire que l'Etat » est l'homme moins la conscience, c'est dire que l'Etat » n'est point l'homme ; et c'est bien jusque-la qu'il fau- » drait aller pour couper la derniere racine de l'erreur. » Il n'y a pas de milieu : si l'Etat est l'homme en quel- » que mesure, il est tout l'homme ; s'il ne l'est qu'en » partie, il n'est point l'homme. L'erreur. ici, n'est pas » de degré, mais d'essence. L'Etat n'est ni tout, ni une » partie de l'être humain, mais une institution humaine » née de la nature de cet être, nécessaire a son dévelop- » pement et complétant son existence. L'Etat est une » des expressions de la nature humaine et la forme né-

» cessaire de la vie ; il y a correspondance et non iden-
» tité ; l'Etat est humain, l'Etat n'est pas l'homme (1) ».

CHAPITRE II

L'ÉTAT C'EST L'ÉGLISE

Nous disions tout à l'heure que nous ne refuserions pas de nous soumettre corps et âme à l'Etat, si nous avions l'assurance que le dit Etat eût des droits imprescriptibles à l'omnipotence, s'il était inspiré ou, pour mieux dire, s'il était le représentant de Dieu sur la terre. Eh bien ! cet Etat fortuné existe, ou du moins, il s'est trouvé des gens pour y croire : c'est la théocratie. Il est vrai que les hommes ne lui ont pas accordé cette faveur en tant que gouvernement civil, mais en tant qu'Eglise, épouse du Christ. C'est logique, étant donné le principe que nous énoncions plus haut ; si l'Etat représente tout l'homme, il doit aussi embrasser l'Eglise.

On pourrait, il est vrai, se demander lequel des deux contient l'autre : l'Etat contient-il l'Eglise, ou l'Eglise contient-elle l'Etat ? Nous serions plutôt tenté d'adopter cette dernière interprétation, car de tous temps, les gouvernants théocrates se sont dits prêtres avant de se dire magistrats : actuellement encore ils gouvernent, non parce qu'ils sont rois ou empereurs terrestres, mais parce qu'ils sont Fils du Ciel, du Soleil... ou successeurs de saint Pierre. Ce qu'il est important pour nous de cons-

_____

(1) Vinet. *Essai sur les manifestations des convictions religieuses.* Page 255. (Paris 1842, in-8°).

tater, c'est que la dualité a disparu ; le temporel et le spirituel se sont mêlés.

« Car ce n'est pas assez de dire que l'Eglise est unie à
» l'Etat, puisque ces termes laissent debout l'idée de
» deux substances ou de deux personnalités quand il n'y
» en a qu'une seule. Toute union qui n'est pas l'unité
» absolue porte atteinte au principe d'où l'on est parti.
» Si l'Etat est l'homme, de même qu'il n'y a pas deux
» hommes en moi, ayant des relations, l'un avec le
» temps, l'autre avec l'éternité, de même il ne peut y
» avoir deux Etats dans l'Etat ; mais la personne morale
» désignée sous ce nom est une et elle est toujours la
» même, toujours entière, toujours individuelle, soit
» qu'elle pourvoie aux nécessités du temps ou aux inté-
» rêts de l'eternité (1) ».

Mais comment les choses en sont-elles venues là ? Comment l'Etat s'est-il arrogé cette infaillibilité ? Est-ce l'individu qui a choisi l'Eglise comme pouvoir suprême ? Peut-être. Mais s'il l'a fait, c'est pour son propre compte et sous sa propre responsabilité. Ici, c'est l'Etat qui est sensé avoir choisi pour tous, puisque, d'après notre système, il est la représentation de l'homme. Mais pourquoi lui accorder ce droit ? Il faudrait supposer la conscience de chaque individu absorbée en lui, ce que nous avons reconnu impossible, ou subjuguée par des témoignages éclatants que l'homme ne peut attendre que de la seule divinité. Il est donc chimérique de penser que c'est l'Etat qui a choisi l'Eglise : il est évident que c'est l'Eglise qui s'est faite Etat : la question alors change de face. En tout cas ce que nous tenons à faire remarquer, c'est que la théocratie n'a jamais été un idéal, mais un fait qui s'est imposé au cours de l'histoire. Toutefois la

_____

(1) Vinet. *Essai sur les manifestations.* Page 257.

théocratie absolue ne s'est jamais réalisée complètement : l'absorption de l'Etat dans l'Eglise n'a, en fait, jamais eu lieu. Dans la société antique et au moyen-âge on n'a jamais confondu la religion et le pouvoir temporel, témoin la longue querelle du sacerdoce et de l'empire, dans laquelle la papauté revendiqua le pouvoir temporel, non l'autorité spirituelle que nul ne lui contestait. Bien plus, l'Eglise lutte encore de nos jours, non en faveur de son absolutisme qu'elle n'ose plus réclamer, mais simplement pour sauvegarder son indépendance.

Et cependant si l'on persiste à affirmer que l'Etat représente tout l'homme, il faut bien admettre que l'Etat soit Eglise. Mais on se récrie et, en pays protestant surtout, on ne saurait consentir à rien de semblable. Il faut dire alors que l'Etat représente l'homme, moins la conscience, c'est-à-dire qu'il ne représente pas l'homme mais qu'il est humain. D'accord ! Alors nous demandons la séparation complète des deux domaines, temporel et spirituel. Identité ou séparation ! nous ne concevons pas ce moyen terme appelé union. Car on ne peut concevoir une institution nommée Etat qui serait la représentation matérielle de l'homme, et une autre, nommée Eglise, qui en serait la représentation spirituelle. Nous ne pouvons concevoir davantage, à moins de nier la religion individuelle, une institution qui serait l'une, plus une partie de l'autre.

Non, si le principe de l'Etat représentant l'homme tout entier est vrai, la théocratie est l'Etat idéal ; si la théocratie n'est pas vraie, votre système n'est pas vrai. Vous ne voulez pas que l'Eglise soit Etat ? Qu'à nous ne tienne ! Eh bien ! l'Etat sera l'Eglise. L'aimez-vous mieux ainsi ?

CHAPITRE III

L'ÉTAT ET L'ÉGLISE

Nous disions que les partisans du systeme de l'Etat-Homme sont effrayés des conséquences de leur principe qui ne peut aboutir qu'à la théocratie. Or nos pays protestants ne sauraient tolérer un pareil régime. Comme, d'une part, on veut que l'Etat soit l'homme et que, d'autre part, il est évident qu'on ne peut accorder à l'Etat une conscience si on ne l'enlève pas à l'individu, on se rabat sur un moyen terme qui a l'avantage de faire vibrer dans les cœurs les sentiments toujours populaires de concorde et de fraternité, et l'on nous parle d'union . l'union de l'Eglise et de l'Etat.

Mais, encore une fois, nous sommons les partisans de l'union d'être conséquents avec leur principe. Si l'Etat est l'homme, l'idée d'une union. si étroite qu'on la puisse concevoir, entre l'Eglise et l'Etat, est une idée timide, une inconséquence :

« Il n'y a pas un Etat d'une part, et une Eglise de
» l'autre, il ne peut y avoir que l'Etat. L'Etat est un
» comme l'homme est un. C'est le même Etat qui a un
» corps et des besoins matériels, et une âme et des in-
» térêts spirituels. L'Eglise n'est pas tant une existence
» unie à l'Etat, qu'une forme de l'existence de l'Etat : et
» tout ce qui caractérise l'union de l'âme et du corps
» dans un même individu, doit se reproduire identique-
» ment dans les rapports de l'Eglise avec l'Etat (1). »

(1) Vinet. *Essai sur les manifestations.* Page 276.

En effet, dans l'homme, l'âme et le corps sont unis
par un lien que nul ne peut connaître. Dès l'origine
nous les voyons coexistant étroitement; qui peut dire
lequel des deux est né le premier? Le corps et l'âme
sont bien deux moitiés de l'être humain, qui ne peuvent
vivre et se développer l'une sans l'autre. De même l'Etat,
étant la représentation de l'homme, a eu de tout temps,
comme lui, une âme, une moitié spirituelle qui ne peut
être que l'Eglise. Comment donc alors prétendre doter
l'Etat d'une Eglise, d'une certaine Eglise particulière?
C'est, nous semble-t-il, octroyer à l'Etat ce qu'il est sensé
posséder déjà. L'Etat, parce qu'il est Etat, doit être en
même temps Eglise, et cela de toute éternité, comme
l'homme lui-même, que l'on ne conçoit pas séparé de son
âme. Que vient-on nous parler d'alliance et d'accord !
c'est unité qu'il faut dire. Mais on n'a garde de représenter autrement que par le terme d'union le genre
de rapports que l'on veut établir entre l'Eglise et l'Etat:
c'est le seul moyen de les faire concevoir et accepter. Et
cependant, il suffit de consulter l'histoire et d'observer ce
qui se passe actuellement pour se convaincre que,
si l'unité n'est jamais réalisée, l'accord ne l'est guère
plus souvent.

« Les rapports de l'Eglise et de l'Etat ne sont pas,
» comme ceux de l'âme et du corps véritables, une
» harmonie, un concours, mais un combat; leur vie est
» convulsive aussi longtemps que l'une des moitiés
» n'est pas soumise à l'autre, l'Eglise à l'Etat, ou
» l'Etat à l'Eglise. C'est la soumission, l'asservissement
» de l'une ou de l'autre qui procure la paix. Les mo-
» ments d'un joyeux accord et d'un accord, il faut le dire,
» très superficiel, font exception et sont rares. Ce qui
» trompe sur le caractère de cette paix, c'est précisément
» ce qui la flétrit : c'est que, née de l'affaiblissement in-

» térieur ou de la dégradation de la partie qui cède, elle
» n'a pas toujours ces symptômes d'inquiétude, ces fré-
» missements d'impatience qui maintiennent dans la
» paix quelque souvenir ou quelque présage de guerre.
» Et pour peu qu'on y regarde de près, on se convaincra
» que ces deux associés prétendus n'ont jamais été dans
» d'autres rapports que ceux de seigneur et de vassal. Si
» l'on répond que l'analogie entre l'âme et le corps, d'une
» part, l'Eglise et l'Etat de l'autre, n'en existe pas moins,
» attendu qu'il n'y a pas non plus égalité entre l'âme et
» le corps, il en faudra conclure que jamais l'Etat ne
» doit dominer l'Eglise, mais celle-ci, au contraire, tou-
» jours dominer l'Etat. Voilà l'ordre, en effet. Si la
» partie spirituelle de notre être a droit sur la partie
» corporelle, on ne saurait contester, en partant de l'a-
» nalogie indiquée, la suprématie de l'Eglise sur l'Etat.
» Elle est légitime, elle est nécessaire, elle est consti-
» tutionnelle (1). »

Nous ne sommes pourtant pas sans comprendre ce
besoin d'union ou plutôt d'unité qui est le partage de la
grande majorité des hommes. La vérité se trouve effec-
tivement dans l'unité. Malheureusement, depuis la chute
première, cette unité est désormais impossible. L'homme
primitif créé à l'image de Dieu marchait par la vue, non
par la loi; la religion n'avait chez lui rien d'individuel ni
de subjectif. La société pouvait donc être la représentation réelle de l'homme et, partant, il ne pouvait y avoir
dualité entre l'individu et la société ni entre la religion et
le gouvernement. Mais il n'en est plus ainsi. Le péché et
le salut ont créé en l'homme l'individualité. Il ne marche
plus par la vue, mais par la foi; la société qu'il forme
avec ses semblables en tant qu'Eglise, est basée sur

(1) Vinet. *Essai sur les manifestations.* Page 278.

l'élément subjectif de la certitude ; tandis que l'Etat, né de la vue et marchant par la vue, se fonde sur l'élément objectif de l'évidence. La liberté est à la base de l'une, la nécessité à la base de l'autre.

Mais assez de discussion sur le principe ; car l'union de l'Eglise et de l'Etat n'est point un idéal, mais un fait ; voyons ce qu'il en résulte au point de vue pratique.

L'Etat, nous demande-t-on, peut-il se passer de l'Eglise ? — Nous répondons hardiment. non. — Alors, nous objecte-t-on, pourquoi voulez-vous les séparer ? — Parce que ce mariage, basé sur une idée fausse, est nuisible à l'Eglise. Nuisible à l'Eglise (nous le montrerons plus tard) comment pourrait-il être utile à l'Etat ? Il n'est pas nécessaire d'insister sur l'intérêt qu'aurait un Etat à n'avoir dans son sein que des citoyens religieux ; or la religion, nous ne saurions assez le répéter, étant affaire individuelle et subjective, ne peut s'accomoder d'être une forme de l'Etat.

Mais admettons, si l'on veut, que l'Etat puisse avoir une religion, et qu'il s'unisse à une Eglise. Quelle sera cette Eglise ? — Celle de la majorité des citoyens ? — Et les autres ne feront donc plus partie de l'Etat ; ils seront persécutés : il va sans dire qu'on ne veut pas de la persécution. Il faut donc que l'Etat adopte une religion qui puisse convenir à tout le monde, une religion vague sur le principe de laquelle toutes les Eglises puissent être d'accord. Quelle sera cette religion ? le déisme, le panthéisme ? Mais du jour où l'Etat en fera sa religion, il y aura un culte, on dressera des autels : alors les chrétiens et les mahométans n'y pourront être à l'aise : les uns déclarant que nul ne vient au Père que par Christ, les autres soutenant qu'Allah est seul Dieu et que Mahomet est son prophète. Si l'on ne veut pas que l'Etat adopte le christianisme qui est trop exclusif pour

les déistes, il ne peut adopter le déisme qui est trop
général pour le christianisme. Du reste, du moment que
l'Etat adopte une religion, fut-ce du panthéisme, il par-
ticularise, il exclut.

CHAPITRE IV

LE CHRISTIANISME ET L'ÉTAT

En exposant les idées qui précèdent et qui nous con-
duisent a la séparation de l'Eglise et de l'Etat, nous en-
tendions exprimer par là le non-sens d'une alliance entre
le pouvoir civil et une religion quelconque. Mais si nous
examinons la vraie religion, c'est-à-dire le christianisme,
la contradiction nous apparaît plus flagrante encore. Car
si des convictions personnelles et la libre manifestation
de ces convictions sont les conditions *sine qua non* d'une
religion sérieuse et respectable, à bien plus forte raison
le christianisme exigera-t-il ces éléments essentiels. Le
principe de liberté est énoncé de la façon la plus positive:
liberté, individualité, voilà, pour ainsi dire, le mot d'ordre
du christianisme. Mais cela est en opposition irréductible avec l'Etat.

L'Etat, nous dit-on, en adoptant l'Eglise, n'entend
point par là assumer en quelque sorte la responsabilité
de tous les principes et de tous les dogmes du christianisme; ce qu'il veut adopter c'est uniquement la morale
du Christ. Or la meilleure manière et même le seul
moyen de faire pénétrer la divine morale du Sauveur
dans les institutions politiques, c'est que l'Etat prenne

l'Eglise sous sa protection en se pénétrant toujours plus des préceptes de l'Evangile.

Si c'était un idéal que l'on nous proposât, si l'Etat chrétien n'avait pas fait ses preuves, on pourrait à la rigueur faire droit à l'objection. Malheureusement l'histoire, que dis-je même, la politique actuelle sont là pour nous donner une réponse aussi catégorique qu'édifiante. Où et quand a-t-on vu un Etat aussi christianisé qu'on le puisse rêver, appliquer, je ne dirai pas la morale du Christ, mais la plus vulgaire, mais la plus élémentaire morale des honnêtes gens ? L'esclavage, la traite des noirs et des blanches, la spoliation, les iniquités les plus criantes, tout se fait sous le contrôle de l'Etat. Et si c'est avec de tels arguments que l'Europe civilisée prétend faire l'apologie du christianisme, il n'y a pas lieu de s'étonner que les trois quarts des habitants de la terre soient demeurés païens et barbares.

Mais, nous le voulons bien, admettons que l'Etat fasse amende honorable et soit animé du désir sincère d'appliquer la morale chrétienne. De deux choses l'une, ou il tient le christianisme pour la vraie religion, ou il n'y croit pas. Dans le premier cas, il ne peut mieux faire que de la laisser se développer en toute liberté, car la moindre contrainte l'altère et la corrompt : donc ni protection ni persécution ; dans le second cas, l'Etat se trouve dans l'obligation de protéger l'erreur (les dogmes) pour en retirer la vérité (la morale) ; il avilit les esprits pour améliorer les cœurs ; c'est une eau vivifiante et pure qui sort d'une source croupissante et fétide. Que penserait-on d'un Etat qui reconnaîtrait bonne une morale provenant d'une religion mauvaise ou ridicule ? Quel crédit aurait-il ? La religion alors n'est plus adoptée comme vraie, mais comme utile.

Du reste nous parlons de la morale chrétienne comme

s'il était loisible à l'Etat d'en faire sa morale ; mais cela lui
est radicalement impossible s'il n'adopte le christianisme
lui-même dans son ensemble. Et comment le pourrait-il?
« Cette doctrine qui heurte de front toutes les doctrines
» des sages, cette doctrine qui proclame que si quelqu'un
» pense être sage dans ce monde, il doit devenir fou pour
» devenir sage, cette doctrine ne saurait, à son état
» de pureté, être la doctrine de l'Etat. Cette folie sera
» toujours la sagesse du petit nombre ; et quand elle
» deviendrait peu à peu celle du grand nombre, c'est
» toujours d'individu à individu qu'elle aurait gagné le
» monde ; et l'Etat comme Etat n'acceptera jamais l'étran-
» ge condition de devenir fou pour devenir sage. Aussi
» est-il exact de dire que jamais et nulle part l'Etat n'a
» épousé la religion chrétienne, mais son ombre et son
» fantôme. Le christianisme n'a pu devenir religion
» d'Etat qu'à condition d'être sage, de n'être pas fou,
» c'est-à-dire de n'être pas ce qu'il est. Et partout où, se
» ressaisissant de sa nature et revendiquant son héri-
» tage, il a franchement arboré cette folie qui doit le
» caractériser éternellement, l'Etat a cessé de le recon-
» naître et de le protéger, et n'a pas eu de repos qu'il ne
» l'ait ou ramené à l'ordre ou rejeté de son sein (1) ».

Il y a du reste d'autres impossibilités qui proviennent
de celle-là : Jésus est venu apporter l'épée, non la paix ;
l'Etat a pour mission de maintenir l'ordre et l'harmonie.
Le précaire, l'incertain, la témérité sont le partage et la
sagesse du christianisme ; et l'on a vu à travers les âges
combien était grosse de conséquences politiques cette
parole de l'apôtre Pierre : « Il faut obéir à Dieu plutôt
qu'aux hommes ». Principe éminemment révolutionnaire
que l'Etat ne pourrait adopter sans se renier lui-même.

(1) Vinet. *Essai sur les manifestations.* Page 297.

4 M

La séparation de l'Eglise et de l'Etat n'empêchera nullement l'influence du christianisme sur le pouvoir civil, et nous sommes les premiers à le souhaiter. Si l'Etat est impersonnel, les gouvernants, eux, sont des hommes. Auront-ils deux morales? Non, certes. Et s'ils sont chrétiens, ils pratiqueront la justice et l'abnégation, c'est-à-dire que bien loin de donner à leur christianisme une sanction officielle, ils s'efforceront d'effacer leur personnalité devant la conscience publique égale à la leur. Mais nos adversaires voudraient que l'Etat adoptât le christianisme et que les hommes d'Etat ne fussent pas chrétiens : voilà, certes, une plus étrange scission que celle que nous proposons ! On veut que l'Etat chrétien oublie qu'il est chrétien, et l'on veut aussi que l'homme d'Etat incrédule agisse comme s'il était chrétien !

CHAPITRE V

ROLE DE L'ÉTAT

Ceux qui prétendaient que l'Etat est la représentation de l'homme étaient logiques en étant théocrates : mais ils ne l'étaient plus du tout lorsque, se réclamant toujours du même principe, ils demandaient simplement l'union de l'Eglise et de l'Etat. Nous nous sommes inscrit en faux contre toute application rationnelle ou illogique de la conception de l'Etat-Homme, comme nous nous inscrivons en faux contre le principe lui-même. Mais alors, nous dira-t-on, si l'Etat n'est point un simple et spontané développement de l'être humain, l'homme dans de vastes proportions, qu'est-ce que l'Etat? qu'est-il par rapport à l'homme et quel rôle joue-t-il? Cette question même pourrait constituer une objection sérieuse, si nous avions affirmé que l'Etat n'est pas humain. Mais nous n'avons rien avancé de semblable, bien au contraire : et nous sommes prêt à répéter que l'Etat est une institution humaine, que tout ce qui est en lui est humain, qu'il n'y a rien de plus humain que l'Etat.

Nous avons repoussé la définition « l'Etat c'est l'homme moins la conscience », au nom de la logique, car il est clair que l'homme moins la conscience n'est pas l'homme. Toutefois nous voulons bien accepter la définition quelque bizarre que cela puisse paraître ; cette réserve, *moins la conscience*, suffit à notre thèse.

Est-ce à dire que l'Etat soit un simple établissement d'assurance mutuelle ou une compagnie d'actionnaires, à moins qu'il ne soit réduit au rôle de gendarme, effroi des voleurs et des criminels de toute espèce? Non certes ; notre conception de l'Etat ne réclame point cette assimilation. Il est vrai que la liberté intérieure de l'individu doit être respectée et n'est point du ressort de l'Etat. Mais n'y a-t-il pas certains principes qui constituent un fonds commun et indivis en tous les hommes, un ensemble d'idées qui sont à la base de toute société et qui forment ce que nous pourrions appeler la morale sociale? C'est, pour ainsi dire, la zône intermédiaire entre la conscience religieuse et le droit proprement dit. Cette morale naturelle où sociale a bien évidemment son origine dans le fait religieux, mais elle se distingue nettement de la religion, et surtout de telle ou telle religion particulière. Ce sont des vérités acceptées par toutes les nations civilisées qui les ont soigneusement distinguées des vérités proprement religieuses, et qui sont pour elles les conditions de toute association. Ces principes tirent

leur évidence du consentement universel et de la nécessité. Ils s'imposent à la volonté et non point à la conscience,
et l'individu, en s'y soumettant, n'abandonne rien de ce
qu'il ne doit pas abandonner. « L'Etat, dans ce point de
» vue, est bien l'homme pris dans ce qu'il a de commun
» avec tout homme, mais non dans ce qui lui est irrévo-
» cablement propre, ou dans ce qui ne lui est commun
» avec d'autres qu'accidentellement. » Du reste l'Etat
lui-même proclame la distinction, en distinguant les
délits, violation des lois, et les crimes, violation de la
loi morale.

L'espace ou la zône entre le droit et la conscience, qui
est proprement du ressort de l'Etat, on est porté, de
nos jours, à la restreindre. On veut laisser à l'initiative
individuelle la plus large place, et aux mœurs le soin de
combler les lacunes de la législation : on veut être gou-
verné, non le plus faiblement, mais le moins possible.
Comment alors oser mettre en tutelle ce qu'il y a de
plus intime et de plus spontané en l'homme : la religion ?

Cependant il est incontestable que le fait religieux est
trop important pour que l'Etat le méconnaisse et n'en
tienne aucun compte ; il est obligé, au contraire,
de compter avec toutes ses manifestations. La religion est un besoin comme tous les autres ; il sera
même le premier que le gouvernement devra reconnaître
comme le plus important : « Mais l'Etat reconnaîtra en
» même temps que la satisfaction de ce besoin ne lui
» appartient pas, que ce besoin se satisfait lui-même et
» ne demande à l'Etat qu'une seule chose : la liberté. »

Pratiquement l'Etat devra ménager non seulement la
religion d'une majorité (il va sans dire que la majorité
saura toujours se faire respecter) mais encore et surtout
la religion des minorités : car il n'y a rien de plus odieux

que la tyrannie dans ce domaine. L'Etat du reste a tout
intérêt à ménager la conscience des individus, car les
hommes de conscience sont la force des sociétés et
« lorsqu'un gouvernement vient à la mépriser, il a
» sonné lui-même l'heure de son châtiment. »

Nous ne suivrons point notre auteur dans les quelques
conséquences pratiques qu'il tire de son système, notamment sur le rôle de l'Etat dans le respect des jours
fériés, l'application des lois militaires aux ecclésiastiques,
l'administration religieuse des hôpitaux, des écoles et
des prisons : il réclame en tout le respect des libertés in-
dividuelles et repousse tous les moyens coercitifs de
l'Etat.

« En résumé nous voulons qu'on n'individualise pas
» l'Etat, qu'on ne lui prête pas ce qui appartient exclusi-
» vement à l'individu, qu'on l'envisage non comme
» un homme, mais comme une collection d'hommes. Mais
» qu'on n'oublie pas non plus que ce sont des hommes,
» qu'on les traite comme tels, qu'on respecte, qu'on in-
» voque et qu'on emploie, dans le gouvernement, ces
» idées nécessaires et incontestées, ces idées présentes
» chez tous, les mêmes chez tous, et qui sont, pour
» l'Etat, une espèce de fonds social indivis et iné-
» puisable (1). »

(1) Vinet. *Essai sur les manifestations.* Note IV.

QUATRIÈME PARTIE

L'INDIVIDU ET L'ÉGLISE

CHAPITRE PREMIER

L'ÉGLISE ET LA SOCIÉTÉ CIVILE

Il résulte clairement de ce que la société est un fait et non pas un être, qu'elle ne peut avoir une religion : car si la société a une religion, l'individu n'en peut plus avoir. Au point de vue pratique, la société même ne peut prendre parti dans les questions religieuses sans affecter elle-même une religion, c'est-à-dire, sans s'octroyer le droit, en protégeant une religion, de persécuter et de mettre hors la loi ceux qui ne partagent pas les convictions d'une majorité.

Mais, nous objecte-t-on, si c'est au nom de l'individualité que vous contestez à la société le droit et la possibilité d'avoir une religion, que faites-vous alors de la société religieuse, de l'Eglise, à laquelle vous ne devez pas refuser une religion puisque c'est là sa raison d'être? Et si vous lui accordez ce droit et ce devoir, n'est-ce pas une inconséquence de votre part, un fléchissement de vos principes?

L'objection serait irréfutable, en effet, si la société civile et l'Eglise partaient d'une même donnée, étaient le résultat d'une même entente et avaient le même but. Mais il n'en est rien. Tandis que la société civile, quand elle veut s'affirmer et accroître son importance, et surtout quand elle veut se faire religieuse, agit aux dépens de l'individualité qu'elle nie ou annule, l'Eglise, au contraire, part de la notion d'individualité et y aboutit et ce n'est qu'en tant qu'elle concourt au développemènt de celle-ci qu'elle mérite le nom d'Eglise ou de société religieuse. Nous disons *société* : en effet, l'Evangile en proclamant le salut individuel, n'a point méconnu l'importance de l'élément social qui est nécessaire à l'épanouissement complet du sentiment religieux. Mais dans cette association, nommée Eglise, l'individualité n'est point méconnue, bien au contraire : elle est la condition même de cette société qui ne peut subsister qu'en tant que l'adhésion de chacun de ses membres est spontanée, la séparation toujours possible, la contrainte toujours impossible. L'Eglise, il est vrai, comme toute association, est faite de concessions réciproques, elle a ses conventions et ses lois ; mais ces bornes, bien loin d'être un obstacle et une contrainte au libre développement de l'individualité, le conditionnent et le favorisent : elles permettent aux hommes de se rencontrer sur un terrain où ils soient toujours d'accord. S'il est vrai qu'un sentiment ne peut être éprouvé par deux personnes d'une façon absolument identique, il y a, dans cette différence même, une ressemblance intime, une sympathie que l'association fait naître et développe. Car, pour nous, sentiments individuels ne signifient pas sentiments exceptionnels et exclusifs : l'individualité et la sympathie se conditionnent réciproquement. Cette sympathie qui est une préférence du cœur nécesssite, il est vrai, des concessions mutuelles, mais personne pour cela n'a l'impression de cesser d'être lui-même. L'individu doit se sentir à l'aise dans l'Eglise, parce qu'il sait qu'il y est entré librement et qu'il en peut sortir quand bon lui semblera. Il comprend que la Société-Eglise n'est religieuse qu'en tant qu'elle se compose d'individus religieux qui ont mis en commun « ce qu'ils avaient de commun, se réservant le reste. » En un mot, ce n'est pas l'Eglise qui fait les individus religieux, mais bien ceux-ci qui font l'Eglise. Voilà pourquoi nous pouvons encore dire ici que ce sont les individus seuls qui sont religieux et non point la société.

On ne peut donc en aucune façon assimiler les deux sociétés, civile et religieuse ; car indépendamment de leur but essentiellement différent (nous l'avons dit, la société cherche la vérité relative, la religion, la vérité absolue), elles ont une origine tout à fait différente. On n'entre pas dans la société civile, on y est par droit de naissance, on en fait partie qu'on le veuille ou non; tout au plus peut-on changer le système. Dans l'Eglise, au contraire, on entre librement par une adhésion spontanée. Nous parlons ici, il est vrai, de la véritable Eglise, celle que l'on n'hérite pas de ses ancêtres, où l'on n'entre pas par droit de naissance, celle qui n'est point une communauté de moutons de Panurge, celle enfin qui réclame des hommes de bonne et franche volonté, et non point cette société à la fois civile et religieuse faite d'éléments disparates qui hurlent de se trouver accouplés, étrange assemblage d'idées irréductibles que l'on veut s'assimiler malgré tout et qui a nom Eglise nationale.

CHAPITRE II

LE NATIONALISME

Le nationalisme en religion ou le christianisme national part de la même donnée que le socialisme : il nie la dualité entre l'individu et la société et par conséquent, s'il veut être logique, il nie la chute première.

Mais ce qui est étrange dans cette situation, c'est de voir le nationalisme se déclarer ouvertement l'ennemi irréconciliable du socialisme politique : ce sont deux frères ennemis. En effet, ils sont nés d'un même besoin d'unité, supposent l'identité de l'individu et de la société et devraient, semble-t-il, marcher la main dans la main à la conquête du monde.

Il n'en est rien. Et l'on se trouve en présence de ce spectacle étrange : le nationalisme combattant le socialisme, en lui opposant quoi ? le point d'arrivée extrême du collectivisme, à savoir l'unité de convictions ! Car le socialisme n'a rien de plus hardi et, à la fois, de plus néfaste que cette prétention d'unifier tous les individus au point de leur faire adopter la même religion ; et le nationalisme, son complice et son ennemi, favorise et soudoie un culte qui laisse la plupart parfaitement indifférent et qu'un certain nombre même désavoue et déteste.

La complicité de ces deux tendances politico-religieuses est plus frappante encore, si l'on examine l'influence délétère d'une religion nationale sur l'individualité qui est à la base du christianisme. « Si quelque chose est » propre à l'affaiblir et en lui-même et dans son action, » c'est une institution qui présuppose arbitrairement

» chez tous la conviction de quelques-uns ou de plu-
» sieurs; qui, du mieux qu'elle peut, dispose des cons-
» ciences; qui fait naître chrétiens ceux qui ont à le de-
» venir et peut-être ne le deviendront jamais; qui, à l'imi-
» tation de ces navigateurs conquérants, prend posses-
» sion au nom de Jésus-Christ et s'empare, en y plantant
» la croix, d'un pays habité et d'une population autoch-
» tone régie par ses propres lois. Il est impossible que
» l'individualité résiste toujours, n'abandonne jamais
» rien à une telle hypothèse inscrite dans la loi. Nier
» directement le principe eût été plus téméraire et moins
» sûr; c'était vouloir ployer du doigt une massive barre
» de fer; la rouille qui ronge lentement et sourdement
» le métal, est bien plus sûre de son fait. Telle est, en
» tout genre, l'influence du nationalisme sur l'individua-
» lité religieuse (1) ».

Le socialisme, qui sent instinctivement que la religion
est nécessaire à la société, veut aussi avoir sa religion;
mais, croyez-le, ce ne sera pas le christianisme. Jésus-
Christ-roi n'est point son affaire; sa religion quelle qu'elle
soit sera une religion nationale, une religion d'Etat; le
nationalisme chrétien est donc déjà son complice.

Un christianisme conséquent, c'est-à-dire individuel
est plus que jamais nécessaire et nous avons le ferme
espoir que malgré le nationalisme et les coalitions socialistes, les vrais chrétiens demeureront, comme par le
passé, le sel de la terre.

Mais, nous l'avons dit, malgré tout, le nationalisme
veut combattre le socialisme et il nous reproche d'affaiblir l'unité religieuse avec notre système séparatiste et
de ne pas être en mesure d'opposer un tout compact
aux envahissements du dehors. Ce reproche est basé sur

(1) Vinet. *L'éducation, la famille et la société.* Page 485.

une confusion : union et unité sont deux choses fort différentes. Or l'on fait appel à l'union et l'on nous parle
d'unité. L'union entre tous les chrétiens? Mais personne
ne la désire plus ardemment que nous. Quant à l'unité
religieuse, nous la déclarons impossible et sa recherche
dangereuse.

Le nationalisme, au reste, n'aboutit ni à l'une ni a
l'autre ; car en introduisant dans le sein de l'Eglise des
éléments hétérogènes, il forme peut-être un tout compact en apparence, mais en réalité et au bout du compte
il divise, il paralyse.

» Les adversaires de l'Evangile le savent tres bien. Il
» leur plait de voir à l'Eglise politique ces dimensions
» trompeuses, cette ampleur vide, cet embonpoint ma-
» ladif et cette majesté frivole. Et quand les chrétiens
» nationalistes se réjouissent à haute voix de ces avan-
» tages futiles, eux se réjouissent à voix basse de tant de
» crédulité. L'Eglise nationale garrotée dans son officia-
» lité et retenue par ses privilèges mêmes, mêlée au
» monde et son alliée, entassant fiction sur fiction au
» grand dommage de la simplicité évangélique, sup-
» posant à tout coup ce qui n'est pas, et feignant de ne
» pas voir ce que tout le monde voit, substituant au style
» apostolique le style de chancellerie, inconséquente a
» son rôle si elle essaye d'être excentrique, infidèle à sa
» mission si elle ne l'est pas, l'Eglise nationale n'est plus
» une armée, c'est-à-dire qu'elle n'est plus une Eglise :
» son principe, qui la confond avec le monde, affaiblit,
» jusqu'à l'annuler quelquefois, son action sur le monde
» parce que ce qui est faux est toujours faible (1). »

Et si les ennemis du christianisme favorisent le nationalisme, c'est qu'ils escomptent déjà la mort du

____

(1) Vinet. *L'éducation, la famille et la société.* Page 490.

christianisme qu'ils considèrent comme un vieillard
caduc dont ils sont impatients d'hériter.

« Mais, sachez-le, enfants du dix-neuvième siècle, il
» n'y a point ici de vieillard. Celui dont vous parlez est
» éternellement jeune. Le christianisme, par sa nature
» même, est agressif, conquérant, fondateur. Qu'il se
» garde, lui dont la condition naturelle est d'être toujours
» debout, de s'asseoir, de s'accroupir dans des institu-
» tions tout humaines avec lesquelles il n'a rien de
» commun ; car s'il est humain, il ne l'est point comme
» elles ; il l'est comme l'était l'Homme-Dieu (1). »

CHAPITRE III

L'ÉGLISE ET L'ÉTAT

Nous n'hésitons pas à affirmer que l'union de l'Eglise
et de l'Etat est une anomalie : nous croyons l'avoir prouvé
en nous appuyant sur la nature des choses et leurs prin-
c'pes. Mais nos adversaires n'ont garde de rester dans
ces hauteurs et ils nous veulent faire descendre sur le
terrain de l'utile. Ils nous demandent si l'Eglise peut se
passer de l'Etat, si s'affranchissant du patronage civil,
elle peut encore vivre et prospérer avec ses seules forces.

Il y a des religions qui sont nées avec l'Etat et sont si
bien unies à lui qu'il est impossible de bien distinguer
leur domaine respectif : le sacerdoce est une magistra-
ture. Il y a même des peuples pour qui la religion
constitue la seule patrie dont la capitale se trouve au

(1) Vinet. *L'éducation, la famille et la société.* Page 495.

sanctuaire du culte. L'alliance de la religion et du pouvoir civil est ici toute naturelle ; bien que consacrant le plus souvent la superstition, elle accorde pourtant une place à l'invisible et au spirituel dans les intérêts humains ; malheureusement là aussi dans cette dangereuse alliance ce n'est pas la matière qui devient esprit, c'est l'esprit qui devient matiere.

Mais revenons à notre question : la religion chrétienne a-t-elle besoin du patronage de l'Etat? A ne considérer la religion que comme une des formes de l'activité libre de l'esprit humain, nous pouvons répondre hardiment : Non, l'Eglise n'a pas besoin de l'Etat ; les sciences, les arts, la philosophie en sont la preuve. A un autre point de vue, nous ne voyons pas ce que l'Eglise peut retirer de son union avec l'Etat : des avantages spirituels? ils ne peuvent lui venir que de Dieu : des biens matériels? elle ne peut les accepter sans s'avilir et se rendre esclave. Or la religion chrétienne a pour base la liberté ; un individu se fait chrétien par conviction et d'une façon absolument désintéressée, l'Etat ne se fait chrétien que dans le but d'asservir l'Eglise et de s'en servir.

Si nous ne voyons pas très bien les avantages que peut avoir l'Eglise en contractant alliance avec le pouvoir civil, en revanche nous apercevons très clairement ce qu'elle peut y perdre et ce qu'elle y perd. C'est d'abord un affaiblissement du sentiment religieux chez les individus : on a la religion du sol, non celle du ciel : on est religieux parce que l'Eglise et surtout l'Etat le sont ou feignent de l'être, et on finit par aimer cette tyrannie jusqu'à ne plus faire acte d'adhésion, jusqu'à ne plus réfléchir ; on naît chrétien tout comme on naît Français ou Turc. C'est ensuite le discrédit dans lequel tombe une Eglise qui se prétend d'origine divine et qui est à la merci du premier politicien.

L'Eglise, nous dit-on, contient un trop grand nombre de gens indifférents qui sont incapables de la soutenir. Alors on ne trouve rien de mieux que d'en confier la direction a l'Etat qui, s'il n'est pas absolument hostile à toute idée religieuse, est pour le moins incompétent. Mais cette indifférence des fidèles n'est-elle pas la condamnation du système? Qui sait si cet engourdissement, que l'on déplore chez tant de gens, ne vient pas précisément de ce qu'on ne leur laisse aucune initiative? Il est probable qu'ils se réveilleraient s'ils avaient le sentiment d'une responsabilité quelconque.

Non, un chrétien ne peut accepter cette question, la religion peut-elle se passer de l'Etat? Croit-on à la divinité du christianisme? Alors que vient faire l'Etat? Si l'on n'y croit pas, qu'on le dise franchement et qu'on l'extirpe à jamais. Nous aimons mille fois mieux la persecution ouverte, si odieuse soit-elle, que la protection de l'Etat. On a vu des Eglises vivantes et prosperes sous le sabre des dragons du roi, tandis que sous la domination bienveillante du pouvoir civil, on voit le christianisme des fidèles s'étioler et se refroidir.

On demande ce que deviendra la religion sans l'appui de l'Etat. Ce qu'elle pourra ! Qu'elle vive si elle doit vivre, qu'elle meure si elle doit mourir ! Rappelons-nous cette parole de Portalis : « On ne croit à une religion que parce qu'on la suppose l'ouvrage de Dieu ; tout est perdu si on laisse entrevoir la main de l'homme. »

Mais enfin nous voulons bien accepter la question ; à l'histoire d'y répondre ! Le christianisme est né en dehors de l'Etat, bien plus il est né hostile à l'Etat. « Il est venu vers les siens et les siens ne l'ont point reçu... Mon royaume n'est pas de ce monde ». Pendant trois siècles le christianisme a marché seul à la conquête du monde ; et dans ces trois siècles il a plus fait que dans tous les siècles suivants. Il serait superflu d'indiquer les résultats de l'alliance avec l'empire de Constantin. Nos adversaires eux-mêmes se plaisent à reconnaître le coup de maître accompli par l'empereur en même temps que la déchéance de l'Eglise qui se mondanisa en devenant plus forte. La Réforme du xvi° siècle parcourut la même carrière, mais plus rapidement. Elle voulut opposer au catholicisme, armé du bras séculier, une force au moins égale, et elle créa l'épiscopat civil. Nous voyons par la que l'alliance de l'Eglise et de l'Etat ne fut jamais un système, mais un fait, un palliatif, un expédient, expédient qui a pu être excusable à une certaine époque, mais qui ne l'est plus aujourd'hui.

Enfin cette conception d'une Eglise nationale est le résultat de ce qu'on pourrait appeler une hérésie ; voici comment. La liberté est la condition absolue de la religion ; mais il a fallu faire l'apprentissage de cette liberté. Dieu l'a fait faire à l'homme qu'il a traité en mineur durant l'ancienne Alliance. Mais avec Jésus-Christ est apparue la religion individuelle et c'est en cela que le Christ a pu dire : Tout est accompli. L'hérésie consiste donc a transporter dans la nouvelle Alliance le régime de l'ancienne.

CHAPITRE IV

QUELQUES OBJECTIONS

Beaucoup de gens admettent volontiers le principe de la séparation de l'Eglise et de l'Etat, mais ils en redoutent les conséquences qui sont graves, nous en convenons. Mais à qui la faute, si ce n'est au système actuel?

L'objection que l'on fait peut-être le plus souvent est fournie par l'exemple des Eglises indépendantes qui, prétend-on, se morcellent à l'infini et ont, a tort ou à raison, la réputation d'être des Eglises aux horizons étroits et aux portes fermées. Pour ce qui est de l'étroitesse, nous nous bornerons à faire remarquer que si elle existe là plus qu'ailleurs (ce qui n'est peut-être pas bien prouvé) cela tient simplement au fait que les Eglises libres forment une minorité : or chacun sait que, de tout temps, les minorités se sont vues octroyer charitablement l'épithète d'étroites et de sectaires. Mais lorsque tout le monde sera dissident, c'est-à-dire lorsqu'il n'y aura plus de dissidence, ne seront étroits et sectaires que ceux qui voudront bien l'être.

On a peur, avons-nous dit, que les Eglises, en se séparant de l'Etat, ne se morcellent à l'infini, car, dit-on, de nuance en nuance, de séparation en séparation, l'individu finit par se trouver seul avec lui-même, et chacun étant Eglise pour son compte, il n'y a plus d'Eglise. Cette crainte provient d'abord d'une confusion de termes, que nous avons déjà signalée, entre individualité et individualisme. Où a-t-on vu que l'individualité soit constituée uniquement de ce qui divise et non de ce qui unit? C'est l'individualisme c'est-à-dire l'égoïsme qui fait naître les querelles et les divisions. Cette crainte provient ensuite d'une erreur d'ordre psychologique : l'homme, si égoïste soit-il, sent très bien qu'il ne lui est pas bon d'être seul: mais si son égoisme le pousse à s'isoler, un autre instinct, quelquefois même l'égoïsme encore, lui fait rechercher, à travers toutes les différences, le point commun où il peut se rencontrer avec ses semblables. Or ce qui est également profond est aussi semblable ; et s'il est une religion tellement intime qu'elle retentisse dans les dernières profondeurs de l'âme, elle y rend essentiellement le même son. Telle est la nature du christianisme. Nulle religion ne divise autant a la surface pour unir aussi étroitement au dedans.

Nous le répétons, ne confondons pas union et unité l'uniformité est le symptôme de la mort. Nous avons lieu d'être surpris de trouver des adversaires parmi ceux qui voient fort justement, dans l'unité du catholicisme, un germe mortel a l'âme. Si l'individu s'égare dans une secte on demande un pape, c'est une responsabilité qu'il faut lui laisser et que l'on ne doit pas sanctionner par un systeme.

On redoute également l'incompétence du public en matiere religieuse. Nous répondons que l'indépendance et la liberté sont une école bien meilleure que la tutelle de l'Etat. Du reste le peuple est peut-être plus compétent qu'on ne le croit ; en fait de religion le plus ignorant en sait autant que le plus savant.

On propose enfin un moyen-terme qui consisterait à ne tolérer aucune ingérence du pouvoir civil dans les choses religieuses ; l'Etat se contenterait· de payer les ministres des différents cultes. — Mais cela est absurde : car l'Etat, en payant, acquiert un droit auquel, croyez-le bien, il ne renoncera pas ; ce droit qu'il n'exerce déjà que trop, consiste, non à servir l'Eglise, mais à s'en servir. En échange il pourra accorder à l'Eglise favorisée de ses dons (car toutes ne le seront pas, comptez-y) le droit ou tout au moins la permission de persécuter les minorités. Ce que l'Etat réclame à l'Eglise en échange du salaire, c'est sa liberté ; car l'Etat n'a nul souci de la prospérité réelle de l'Eglise : il veut seulement se faire payer ses services.

Et ceci nous amène à l'objection en apparence la plus

grave que l'on puisse faire à la séparation : on dit que
l'Etat, uni au catholicisme, est une digue élevée contre
les prétentions de l'Eglise romaine, qu'il tient par des
rênes d'or. Nous ferons tout d'abord remarquer qu'il
est assez difficile de savoir au juste lequel des deux
tient l'autre, et l'histoire nous apprend que l'Etat a été
souvent l'humble serviteur de la papauté ; qui sait ce
que l'avenir nous réserve ?

« Si d'ailleurs vous n'avez d'espérance contre l'inva-
» sion du catholicisme que dans la tutelle exercée sur
» lui par l'Etat ; si, en dehors de cette condition, la force
» d'expansion du catholicisme est irrésistible ; si, seul
» à seul avec la vérité, il a toutes les chances pour lui,
» je n'ai qu'un mot à vous dire : hâtez-vous de vous
» faire catholique, le catholicisme est la vérité (1). »
Quant au protestantisme, il est bien malade s'il n'a
d'espoir qu'en l'Etat, car c'est renier le passé glorieux
où il revendiqua sa liberté, que de se soumettre à un
esclavage qui l'entrave et l'avilit.

Nous ne pouvons assez insister, en terminant, sur le
côté dérisoire, nous devrions dire grotesque, d'une alliance entre le temporel et le spirituel, le visible et l'invisible, la foi et la force brutale. Mais pour comprendre
mieux encore il faut nous élever au-dessus des con-
ceptions mesquines de telle ou telle Eglise, de telle ou
telle caste, pour ne voir que la propagation de la vérité
et le salut des âmes par la libre manifestation des convictions religieuses.

« Catholiques ou protestants, tels que l'histoire vous
» a faits, ce n'est pas à vous qu'appartient le monde ;
» il appartient à la seule chose qui ait encore de la force
» dans le monde présent, à l'Evangile. A l'Evangile,

____

(1) Vinet. *Essai sur les manifestations*

» vrai catholicisme et vrai protestantisme de l'humanité ;
» à l'Evangile qui est tout à la fois la liberté et l'unité
» dans toute la vigueur de ces deux nobles termes. C'est
» lui, puissance spirituelle, lien de foi et d'amour, com-
» munion intime et profonde, c'est lui qui prépare la
» Sainte-Ligue, cette confédération où le catholique, le
» protestant et le païen régénérés, perdent leurs dé-
» nominations superficielles, pour n'être tous ensemble
» que les hérauts de la justice, le sel et la terre et les
» messagers de Celui qui nous a appelés des ténèbres à
» sa merveilleuse lumière. »

CONCLUSION

Nous voici donc arrivé au terme de notre exposé. Si l'admiration que nous inspire Vinet et le vif désir que nous avons eu d'être clair dans l'énoncé, et fidèle en reproduisant la pensée du maître, si la bonne volonté et les bonnes intentions étaient des conditions suffisantes pour atteindre un idéal voisin de la perfection, nous aurions certainement lieu d'être satisfait. Malheureusement il n'en est pas ainsi : et nous craignons bien que les nombreux déficits de ce travail n'impressionnent désagréablement les admirateurs de Vinet et n'ôtent aux profanes l'envie de lire ses ouvrages. Aussi serions-nous tenté de mettre un point final, sans ajouter plus de commentaires à la conclusion qu'au cours de l'exposé lui-même. Mais notre devoir professionnel, à défaut d'un mobile plus noble, nous oblige à donner notre opinion d'une façon plus explicite sur les idées sociales de Vinet, et les préoccupations du jour nous portent naturellement à négliger tout le reste pour aborder les deux grosses questions du socialisme et de la séparation de l'Eglise et de l'Etat.

Il va sans dire qu'étant données les proportions que comporte un travail de cette sorte, nous ne pouvons apporter qu'un aperçu très succinct sur ces deux questions qui ont fait et feront encore couler des flots d'encre. Nous ne donnerons donc qu'un aperçu fort abrégé qui sera moins un résumé que de simples indications sur la façon dont nous entrevoyons la solution de ces deux grosses questions.

D'après Vinet, comme nous l'avons vu, l'individu seul est un être, en regard de la société qui n'est qu'un fait. C'est par l'individualité qu'une réforme sociale peut être entreprise ; c'est en réformant l'individu qu'on réformera la société. Vinet se place à ce point de vue pour attaquer vigoureusement tous les systèmes qui, sous le nom de collectivisme, de socialisme d'Etat, de nationalisme politico-religieux, méconnaissent les droits imprescriptibles de l'individualité au profit de la collectivite.

Nous sommes loin de nous inscrire en faux contre cette manière de voir et nous reconnaissons volontiers que la société vaut ce que valent les individus qui la composent. Nous sommes prêt à nous écrier avec notre auteur : « Que nous fait la société, après tout, ce sont les individus seuls qui importent ! » Mais devons-nous en conclure que pour réformer la société il faille nécessairement commencer par réformer les individus ? Nous n'en sommes pas bien sûr. Cela semble pourtant évident au premier abord : on va du simple au composé, de l'unité à la multiplicité. C'est élémentaire et en bonne logique on croit aller du moins difficile au plus difficile. Mais est-on bien convaincu qu'il soit plus facile de transformer un individu qu'une société ? Oui, si la société se définissait par le mot *individu* avec un coefficient plus ou moins fort. Mais il n'en est rien : les mathématiques n'ont pas grand chose à voir en la matière. Nous nous en référons à Vinet lui-même. Notre auteur nous dit qu'il y a deux sortes d'éléments dans l'individu : des éléments communs à tous et des éléments inassimilables. Les premiers sont de beaucoup les moins profonds et les moins importants, mais ce sont ceux qui permettent à l'homme de vivre avec ses semblables et qui sont, par ce fait, la condition nécessaire et suffisante de toute société. Les autres, les éléments inassimilables, sont de beaucoup les plus profonds et les plus importants ; ce sont ceux qui constituent l'individualité. Or, nous le demandons, n'est-il pas plus facile d'agir sur les premiers que sur les seconds ? Ceux-ci ne sont-ils pas plus complexes, moins connus, plus intimes que ceux-là ? Chacun sait qu'il est souvent plus aisé de modifier les idées d'une foule que celles d'un seul individu. Les conversions en masse, qui font parfois si grand bruit mais qui sont souvent bien peu profondes et bien éphémères, ne s'obtiennent-elles pas avec moins d'efforts, précisément parce que ces éléments communs à tous les individus sont superficiels et d'un accès relativement facile ? Voilà pourquoi il nous semble que, dans une certaine mesure, il est plus aisé de réformer la société que l'individu.

Mais nous avons hâte de le dire, une société améliorée, établie sur d'autres bases que la nôtre, ne ramènera pas forcément l'âge d'or sur la terre, pour l'excellente raison que les individus ne sont pas régénérés par le simple fait d'une organisation sociale plus équitable. Nous estimons simplement qu'une réforme de la société donnera à l'individu la possibilité de se réformer. Or c'est là un fait sur lequel presque tout le monde est d'accord ; la société, telle qu'elle est constituée, est une entrave au libre développement de l'individualité et un obstacle au bonheur de l'homme. Les uns disent que la faute en est au socialisme, d'autres proclament que l'individualisme a fait tout le mal. Voilà pourquoi nous ne pouvons suivre jusqu'au bout notre auteur dans sa critique du socialisme. Nous sommes d'accord avec Vinet pour reconnaître que malheureusement le principe socialiste a pour conséquence logique l'absorption de l'individu dans la société, mais ce n'est point la le but qu'il se propose et, quoiqu'en dise notre auteur, les intentions du socialisme valent mieux que ses actes. Vinet avait la prétention d'étudier le socialisme dans son principe; mais c'était sortir de son sujet que de parler de l'état d'âme des socialistes, comme si cet état d'âme ne variait pas d'un individu à un autre. Il aurait dû alors distinguer tout au moins entre les différentes écoles; il aurait été ainsi plus précis, peut-être plus indulgent, pour ne pas dire plus juste.

En résumé, tout le monde veut donc une réforme sociale plus ou moins radicale. Seulement il y a deux modes d'action en présence : le socialisme qui veut donner à la société, et surtout à l'Etat qui la représente, une autorité plus grande et des pouvoirs plus étendus, et l'individualisme, qui tend à restreindre les attributs de la collectivité et à laisser une plus large part a l'initiative individuelle. Mais ces deux tendances qui, cela va sans dire, se subdivisent en une infinité d'écoles, ont, nous le répétons, le même but : le bien-être de chacun.

Tel a été, nous semble-t-il, jusqu'à ces derniers temps, l'état de la question. Quiconque s'occupait de questions sociales devait se rattacher plus ou moins radicalement à l'une ou à l'autre de ces deux tendances : Alexandre Vinet prit nettement parti pour l'individualisme et, en véritable polémiste, dénonça le péril socialiste. Mais, depuis 1848 et en particulier depuis quelque dix ans, deux éléments nouveaux sont entrés en ligne de compte, qui nous font envisager la question sociale sous un tout autre jour et sa solution d'une tout autre manière. C'est d'abord l'avènement du prolétariat, c'est-à-dire l'entrée du parti socialiste, non seulement dans les assemblées législatives, mais encore dans le pouvoir exécutif des gouvernements. Ce fait modifie forcément la manière d'envisager la question. En effet, autrefois on s'occupait du sort des travailleurs un peu dans le même esprit qui nous fait concevoir la traite des noirs, le péril jaune ou la famine aux Indes, avec l'idée bien arrêtée que jamais on n'aura à compter sérieusement ni à frayer d'égal à égal avec le parti ouvrier qui n'avait jamais su exciter d'autres sentiments que la pitié ou le dédain. Il faut bien en revenir et beaucoup, à tel point même qu'on peut prédire presque à coup sûr que les pays civilisés, et l'Europe en particulier, feront à bref délai l'expérience complète du socialisme. Sera-ce un bien, sera-ce un mal? Il serait peut-être fort téméraire de rien présumer.

Le second élément qui est entré en ligne est à la fois plus général et plus profond, moins connu du peuple qui n'a pris conscience que de sa propre force, et plus fécond en résultats cependant que les forces décuplées du prolétariat. Cet élément nouveau, qui ferait rire peut-être bien des gens, est pourtant le levain qui fera lever toute la pâte; c'est la découverte de Jésus-Christ (1). La découverte! le mot est dur après deux mille ans de christianisme! Nous le croyons juste cependant. Car, en définitive, que voit-on en Jésus-Christ? Le Sauveur, le Fils de Dieu qui sauve les pécheurs de la perdition éternelle, et rien de plus. A Dieu ne plaise que nous méconnaissions ce qui est bien, en effet, le point capital du christianisme, puisque c'est au salut des âmes que nous en voulons venir. Mais à quoi aboutit-on? On nous dit de prêcher le pur évangile, Jésus-Christ et Jésus-Christ crucifié. Il y a longtemps qu'on le prêche ce pur évangile et je ne sache pas qu'à notre voix les multitudes se convertissent comme le Maître en fit la promesse à ses

(1) Ce mot, qui est peut-être destiné à faire fortune, a été prononcé par M. le professeur Appia, de Genève, dans une conférence. Nous ignorons s'il en est lui-même l'inventeur

disciples. Descendons dans les bas-fonds de la société pour y prêcher Christ crucifié, parlons du Fils de l'homme qui n'eut pas un lieu où reposer sa tête, qui fut haï, repoussé et qui finalement mourut dans le supplice ignominieux de la croix, et vous entendrez, non pas une, mais des milliers de voix vous répondre qu'ils n'ont pas, eux non plus, de lieux où reposer leur tête puisqu'en définitive au premier chômage ou à la première maladie ils seront jetés sur le pavé. Si Jésus a été haï et méconnu, diront-ils, que sommes-nous donc sinon des réprouvés? Nous ne mourrons pas sur la croix, nous risquons seulement de mourir de faim. Ne nous récrions pas : il y a encore, à la fin de ce siècle de progrès, des gens qui meurent de faim.

A Dieu ne plaise que nous ne rendions pas hommage aux louables efforts tentés par les chrétiens pour soulager la misère. Mais la philanthropie n'est qu'un palliatif, un expédient : elle soulage mais ne guérit pas, d'abord parce qu'elle est débordée, mais surtout parce qu'elle ne saurait aller au fond des choses et tarir dans sa source le flot toujours montant des miséreux. Car ce qu'il y a d'infâme dans notre régime social, ce n'est pas qu'il y ait des pauvres, il y en aura toujours; c'est l'existence d'une caste qui doit vivre aux crochets de la société, ou mourir ; où de père en fils on se transmet la misère comme un patrimoine : cette caste qui, ô dérision, a les mêmes droits politiques que les privilégiés, qui a même tous les droits, sauf celui d'avoir une place au soleil, et qui a nom le paupérisme. Quelle influence morale ou religieuse voulez-vous avoir sur des gens pour qui la question d'estomac se pose sans cesse avec un redoutable point d'interrogation? Un chrétien riche nous disait un jour que sa fortune lui nuisait beaucoup dans l'œuvre d'évangélisation qu'il avait entreprise parmi la classe pauvre ; il était profondément découragé, et cependant son œuvre semblait très prospère. C'est que son nombreux auditoire, moins effrayé des perspectives de l'éternité que de l'échéance du prochain terme, trouvait son portemonnaie singulièrement plus éloquent que sa parole.

Quelle est donc la raison profonde de cette situation lamentable? C'est une antinomie que nous traînons après nous depuis tantôt deux mille ans : une religion chrétienne dans une société païenne. Nous vivons encore, au point de vue politique et économique, sous le droit romain ; les païens de l'antiquité sont encore nos maîtres : Cicéron et Caton parlaient de justice et de droit dans le même esprit que nous. Les applications sociales du christianisme n'ont jamais été faites. L'Evangile n'a point pénétré, il s'est pour ainsi dire plaqué sur la société qui est demeurée païenne. C'est à ce point même qu'un chrétien ne peut vivre qu'en oubliant à chaque instant qu'il est chrétien. Essayez d'être charitable à l'exemple du Christ. et vous mourrez probablement de faim à moins qu'on ne vous enferme dans une maison d'aliénés. C'est alors que se manifeste clairement dans chaque individu cette antinomie que nous avons signalée et que l'homme pieux retrouve sans cesse en lui : comme chrétien, il donne, il se dévoue, il se sacrifie pour autrui uniquement par amour; en tant qu'homme riche, appartenant par conséquent à la classe privilégiée, il se montre aussi libéral; mais pour quel motif? par peur. Il sent grossir le flot des mécontents et des déshérités et il a peur que ce flot ne vienne à l'engloutir lui et sa fortune. Alors il donne, ou plutôt il jette son argent comme le capitaine de vaisseau jette une partie de sa cargaison à la mer, pour sauver le reste. Et nous sommes en l'an de grâce 1900, dans l'Europe très chrétienne où l'on vient enfin, croyons-nous, de découvrir Jésus-Christ.

Que l'on ne s'imagine pas que nous allons apporter des documents nouveaux sur la vie du Christ ; nous sommes tout simplement revenus a l'Evangile et nous y avons trouvé…. un prophète? oui ; un moraliste? oui, mais mieux encore : un homme. Un homme sujet aux mêmes infirmités que nous, un homme de douleur et « sachant ce que c'est que la langueur », qui, durant un ministère de trois années, a soulagé les misères humaines: le Fils de l'homme dans le sens exact du mot : mais aussi le Fils de Dieu parlant avec autorité, non comme les scribes, apportant plus qu'une doctrine, plus qu'un exemple, offrant sa personne, sa propre vie. — Ce n'est pas nouveau, dira-t-on peut-être; depuis des siècles on nous parle du Dieu-Homme qui sauve les pécheurs. Oui, en effet, il y a fort longtemps qu'on disserte la-dessus : la théologie a dogmatisé à l'envi et si nous faisons le bilan de ce dogmatisme nous voyons qu'il se chiffre par un effroyable déficit ; ce Jésus-Christ que l'on a disséqué, que l'on nous a présenté tantôt sous un jour tantôt sous un autre, ce Jésus-Christ que l'on s'est disputé, que l'on a caricaturé à plaisir, ce Jésus-Christ enfin dont on a tant parlé, mais que l'on n'a pas montré, le monde finit par en être dégoûté, et cherche maintenant à le vomir de son sein.

Nous vivons dans un siècle de positivisme que n'effraient plus les perspectives de l'au-delà, parce que la vie présente est trop angoissante, qui, pour s'occuper de l'éternité, veut avoir de bonnes raisons d'y croire, qui a soif d'un salut commençant déjà sur la terre. A tous ces positifs il faut des choses positives, et c'est encore notre vieil Evangile qui peut seul apporter ce breuvage réconfortant à nos populations malades. Ce qui peut les toucher c'est un Christ guérissant les malades, donnant la nourriture aux affamés, soulageant toutes les misères, disant au paralytique : « Tes péchés te sont pardonnés », mais lui disant aussi : « Lève-toi et marche ! » C'est un Sauveur, un Sauveur de l'âme ? oui, certes, un Sauveur du corps ? sans aucun doute, mais plus et mieux, le Sauveur de l'homme. C'est ce nouveau Jésus de notre vieil Evangile, ce Jésus annonçant la bonne nouvelle du Royaume, bouleversant les vieilles notions de justice et de droit, ou plutôt les accomplissant toutes et préparant dès ici-bas « ces nouveaux cieux et cette nouvelle terre où la justice habitera. »

C'est bien avoir fait une découverte que de montrer un Jésus-Christ consacrant, dans sa vie et dans sa mort, le grand principe de la solidarité humaine. Un christianisme exclusivement individuel que l'on nous a présenté jusqu'ici, c'est la religion des forts, des individualités qui ont déjà pris conscience d'elles-mêmes ; car Vinet a dit, avec juste raison, qu'il fallait être homme pour devenir chrétien ; ce ne peut être la religion des faibles, de ceux qui ont à devenir des hommes, de ceux pour lesquels il faut presque opérer un sauvetage avant de leur présenter le salut

En résumé, nous voulons un christianisme social et individuel, le christianisme intégral qui peut seul répondre à tous les besoins de l'âme humaine quel qu'en soit le niveau moral.

Ce christianisme social, préconisé de nos jours par un certain nombre d'hommes vaillants et dévoués, serait-il en contradiction avec le principe de la séparation de l'Eglise et de l'Etat, sur lequel du reste, nous sommes absolument d'accord avec Vinet ? Il le semblerait de prime abord. En effet, en unissant la religion au pouvoir civil, ou plutôt en faisant du christianisme la religion officielle on croit le rendre plus social parce qu'on s'imagine le rendre plus général. Hélas ! l'expérience n'est plus à faire, nous la faisons depuis dix-huit siècles. Mais nous n'avons garde d'insister sur cette question déjà traitée. Au reste, les partisans de l'union se font de plus en plus rares. Nous avons eu, a Genève, le plaisir d'assister a une séance où se discutait précisément cette question, devant un auditoire de professeurs, de pasteurs, d'étudiants de l'Université qui, pour la plupart, appartenaient a l'Eglise nationale. Nous nous attendions à une discussion quelque peu mouvementée; il n'en a rien été. Tout le monde s'est trouvé d'accord, et parmi les nombreux orateurs qui ont pris la parole, il ne s'est pas trouvé un seul défenseur de l'union de l'Eglise et de l'Etat.

Si nous citons ce fait c'est qu'il nous paraît symptomatique : c'est un signe des temps et sans être prophète il est bien permis de prévoir plus sûrement, et à plus bref délai encore que l'avénement du socialisme, le divorce de l'Eglise et de l'Etat.

Nous estimons toutefois qu'on s'exagere beaucoup l'importance religieuse de la séparation . elle provoquera certainement une crise salutaire pour les Eglises protestantes, mais ce serait juger bien superficiellement la situation que de voir dans ce fait une véritable révolution dans l'ordre religieux. L'union de l'Eglise et de l'Etat, comme le dit très bien Vinet. n'a jamais été qu'un fait, un symptôme d'un état d'esprit et surtout d'un état de conscience. Le nationalisme n'est pas autre chose que le résultat d'une abdication des individualités religieuses. Il est donc bien évident qu'en supprimant un effet désastreux, on ne supprime pas forcément la cause. De plus il arrive actuellement que pour beaucoup de chrétiens nationaux, qui demeurent dans l'ancien système faute de mieux et pour des raisons d'opportunité, la séparation ne sera pas une révolution inattendue puisque plusieurs la préparent. Quant aux autres, à ceux qui ne voient dans la religion qu'un gagne-pain et une branche de l'administration, on ne peut que les plaindre ; la séparation ne modifiera pas leurs sentiments, elle les fera purement et simplement disparaître du sein des Eglises. Nous avons eu plus d'une fois l'occasion de constater que, pour beaucoup de gens, l'Eglise nationale constituait le seul dogme véritable. On peut tout attaquer, tout mettre en doute ; on peut prêcher la religion la plus vague, la plus nuageuse : on se targue d'un libéralisme et d'une largeur sans pareille ; on voudrait une Eglise tellement vaste que les Bouddhistes s'y puissent trouver à l'aise ; on fraterniserait avec tout le monde, voire même avec le Grand Turc, mais malheur à ceux qui auraient l'audace d'élever la voix contre le dogme sacré, dont on a fait une idole. Anathème sur ces impies qui osent prétendre qu'une religion doit être religieuse et non point nationale ! Anathème sur toutes ces coteries piétistes, sur tous ces hommes qui vont prêcher sur les places publiques et dans des lieux profanes, qui désertent et vident les temples ! Mais quel mal ont-ils fait? Prêchent-ils l'irréligion et l'immoralité? Non, c'est bien pis : ils veulent détruire l'Eglise nationale.

Nous n'exagérons pas, nous n'inventons rien, nous citons presque textuellement ce que nous avons entendu dire bien des fois (1). Qu'est-ce que cela prouve au fond? C'est que les Eglises indépendantes ne se sont pas séparées de l'Etat pour des raisons de convenances politiques ou même ecclésiastiques ; ces motifs ont bien été

______

(1) C'est surtout de Genève dont nous voulons parler. On y sent encore la main puissante de Calvin qui a, pour ainsi dire, fondu ensemble l'Eglise et l'Etat d'une façon beaucoup plus étroite que partout ailleurs.

invoqués dans le canton de Vaud et en Ecosse notamment. Mais la cause profonde n'est pas là : c'est plus et mieux même que des raisons dogmatiques, c'est un réveil de la conscience religieuse ; c'est une protestation de la foi sincère et vivante qui ont poussé les Vinet, les Chalmers, les de Gasparin a proclamer le principe de la séparation de l'Eglise et de l'Etat. Cependant, nous le répétons, ce n'est la qu'un commencement, un point de départ, nécessaire, essentiel, a coup sûr, dans la voie d'une réforme; mais une réforme elle-même, on ne peut l'attendre que d'un réveil général des consciences. Car les Eglises, et toutes les formes ecclésiastiques que l'on préconise, ne sont point la substance religieuse elle-même, ce ne sont point des êtres, de même que la société en général, ce ne sont que des faits changeants, mobiles, variables.

Ceci nous amène à formuler une remarque, en terminant. Beaucoup de ceux qui s'occupent de questions sociales ou ecclésiastiques ont le tort, à notre avis, de s'imaginer bénévolement que le système qu'ils préconisent est le seul bon, le seul durable, qu'en l'adoptant on aura le paradis terrestre à toujours et a perpétuité; qu'en le repoussant, au contraire, on se voue aux pires calamités. Cette conviction naïve part d'un bon naturel, d'un enthousiasme tres légitime et trop rare, mais provient d'une fâcheuse ignorance des lois qui régissent l'histoire. Dans la lente et perpétuelle évolution ou sont entraînés les peuples de la terre, bien des systemes politiques et religieux ont déjà vu le jour: les plus contradictoires comme les plus extravagants, tous ont eu leur raison d'être et leur bon côté ; tous ont disparu lorsqu'ils ont fait leur temps. L'histoire, ne l'oublions pas, est faite par nous aussi bien que par nos ancêtres.

C'est ce qu'on ne doit pas perdre de vue, sous peine

de se préparer d'amères désillusions, ou de provoquer des réactions fâcheuses. Tout en travaillant fidèlement et courageusement à faire prévaloir les idées que l'on croit bonnes et justes. que les chrétiens se gardent de prendre la forme pour le fond, de confondre les institutions humaines, perfectibles et instables, avec le règne de Dieu. Car nous savons que « si notre demeure terrestre » est fragile, si nous n'avons point ici-bas de cité perma- » nente, c'est que notre patrie à nous est dans les » Cieux. »

THÈSES

—

I

Alexandre Vinet fut un orateur et un apôtre plutôt qu'un philosophe et un théologien : son génie est bien caractérisé par le fait qu'on peut dire de lui qu'il est à la fois tout entier dans chacun de ses écrits.

II

Les idées sociales de Vinet sont étroitement liées à ses idées dogmatiques.

III

L'humanité est un être; la société n'est qu'un fait.

IV

Il y a lieu de distinguer entre l'individu et l'homme.

V

A l'ancienne formule : réformer la société en réformant l'individu, nous opposons celle-ci . réformer la société pour permettre à l'individu de se réformer.

VI

D'une manière générale, on peut dire que les intentions du socialisme valent mieux que ses actes.

VII

Le seul moyen efficace et légitime de combattre le socialisme athée serait de faire les applications sociales du christianisme.

VIII

L'Eglise n'a de raison d'être que si elle est une armée, non un gouvernement.

IX

L'union de l'Eglise et de l'Etat n'a jamais été un principe, mais un fait.

X

Il serait à souhaiter que ce fût l'Eglise et non l'Etat qui prît l'initiative de la séparation.

XI

Jésus-Christ a consacré par sa vie et par sa mort le principe de la solidarité humaine.

XII

La christologie paulinienne construite, non du point de vue de Dieu, mais du point de vue de l'homme, rend bien compte de la solidarité.

TABLE DES MATIÈRES

Avant-Propos... 3

PREMIÈRE PARTIE : L'INDIVIDU ET L'HUMANITÉ

Chapitre Premier. — Personnalité, individualité,
  humanité... 7
Chap. II. — Dépendance de l'homme........... 8
Chap. III. — La solidarité humaine............ 11

DEUXIÈME PARTIE : L'INDIVIDU ET LA SOCIÉTÉ

Première section : La Société contre l'Individu... 15
Chapitre Premier. — Dualité entre l'homme et
  la société... 15
Chap. II. — Le socialisme....................... 19
Chap. III. — L'individualité réformatrice........ 24
Deuxième section . L'Individu dans la Société... 28
Chapitre Premier. — Instruction et éducation... 28
Chap. II. — Le christianisme éducateur........ 31

TROISIÈME PARTIE : L'INDIVIDU ET L'ÉTAT

Chapitre Premier. — L'Etat c'est l'homme...... 36
Chap. II. — L'Etat c'est l'Eglise................ 40
Chap. III. — L'Etat et l'Eglise.................. 43
Chap. IV. — Le christianisme et l'Etat......... 47
Chap. V. — Rôle de l'Etat...................... 50

QUATRIÈME PARTIE : L'INDIVIDU ET l'ÉGLISE

Chapitre Premier. — L'Eglise et la société civile.. 54
Chap. II. — Le nationalisme..................... 57
Chap. III. — L'Eglise et l'Etat.................. 60
Chap. IV. — Quelques objections................ 63
Conclusion... 68
Thèses... 81

CAHORS IMP. TYPOGRAPHIQUE A. COUESLANT

www.ingramcontent.com/pod-product-compliance
Lightning Source LLC
Chambersburg PA
CBHW051231030726
47595CB00003B/845